Le carnet de bord du manager de proximité

Éditions d'Organisation
Groupe Eyrolles
61, bd Saint-Germain
75240 Paris Cedex 05

www.editions-organisation.com
www.editions-eyrolles.com

Dans la même collection
Institut Renault :

© Groupe Eyrolles, 2007
ISBN : 978-2-212-53887-8

Pascal POUDEROUX

Le carnet de bord
du manager de proximité

EYROLLES

Éditions d'Organisation

Sommaire

Partie 3
Être porteur d'un système : exemple d'application dans les nouveaux systèmes de production

Partie 4
Être porteur d'un système : les méthodes industrielles appliquées aux processus de vente et d'après-vente

À Françoise, Stéphanie et Laura

Avant-propos

Manager de proximité, c'est d'abord être toujours au cœur de l'action ; c'est être en prise directe avec l'accomplissement des tâches de l'entreprise, que ce soit en conception, en fabrication ou en distribution ; c'est animer une équipe qui est en contact permanent avec le terrain, qui comprend sa diversité, sa complexité et ses exigences.

Manager de proximité, c'est être responsable en agissant sur les organisations et les comportements et en s'engageant pleinement sur les résultats de l'entreprise.

Manager de proximité, c'est savoir mobiliser les ressources, veiller au niveau des compétences, contrôler la qualité ; c'est relever en permanence le défi du quotidien.

Cet ouvrage s'adresse à tous les managers de proximité, hommes et femmes d'action, animant des équipes qui créent de la valeur durablement et utilisent des méthodes et outils permettant d'atteindre l'excellence opérationnelle. La qualité de leur management, basée sur la motivation, l'engagement, le professionnalisme et l'exemplarité, génère la performance et conduit au succès.

Préface

Dans un monde qui évolue de plus en plus vite, toute entreprise doit faire face à de profondes mutations, qu'elles soient internes ou externes. Les mutations externes ont pour conséquence une remise en question permanente de l'entreprise. Elle doit repositionner son offre, proposer des produits et des services toujours plus pertinents, attractifs et compétitifs, trouver de nouvelles voies de progrès.

Or, mutations externes et mutations internes vont de pair. En effet, comment s'adapter à un monde qui change, évolue, s'internationalise… si l'entreprise elle-même, dans son mode de fonctionnement, son management, ne s'adapte pas ? Qui mieux que les managers pourrait jouer un rôle décisif dans cette transformation ? Une priorité se renforce donc : le management des hommes et des femmes qui doit rester au cœur des préoccupations et des modes de fonctionnement. D'où l'intérêt de cet ouvrage qui donne la priorité aux managers qui sont près du terrain, des clients, des fournisseurs, et toujours centrés sur l'action.

Ce carnet de bord pour les managers de proximité présente des systèmes, des démarches et les outils adéquats pour suivre la route qui s'impose. Il indique de façon pragmatique la voie et les moyens pour conduire le changement au quotidien et mettre en œuvre une politique de progrès.

C'est un guide précieux, une référence pour tout manager de proximité qui inscrit son action dans l'animation des hommes, la performance et la dimension humaine. Rédigé de façon structurée et avec un style clair, cet ouvrage s'adresse à une population qui souhaite à la fois s'initier au management de la performance et des hommes et développer son efficacité managériale.

Michel de Virville
Secrétaire général du Groupe Renault

« L'important n'est pas de prévoir l'avenir, mais de le rendre possible. »

Antoine de Saint-Exupéry

Partie 1

L'environnement : enjeux et défis du management d'aujourd'hui

Chapitre 1

Les enjeux et les défis

LES ENJEUX

Le manager de proximité, placé au cœur de l'entreprise, doit faire face à des mutations que chacun connaît, mais qui, aujourd'hui, le situent dans un environnement turbulent où le périmètre ne se limite plus depuis longtemps au cadre de son entreprise. L'ouverture des marchés, la vitesse des échanges et le décollage des économies émergentes donnent conscience que le monde change, même si bien peu sont réellement préparés à affronter les changements radicaux de leur propre environnement. Même si la prospective est toujours difficile et incertaine, il convient d'être attentif aux forces de changement.

Le monde qui nous entoure bouge; c'est une évidence du quotidien. Chaque jour nous apporte de nouveaux indices sur les mutations que connaît l'environnement des entreprises. C'est la course à la taille critique et la recherche de synergies au travers de fusions, d'acquisitions et d'alliances. C'est l'entrée en force dans notre travail quotidien des nouvelles technologies, en particulier du transport de l'information, où les distances géographiques s'effacent. C'est l'émergence du temps réel, mais on pourrait également ajouter le développement de la numérisation, du virtuel, de la simulation et d'une nouvelle organisation du travail plus collaborative avec les «e-rooms», «e-conférences» et les réseaux Extranet. C'est la reconnaissance de notre nomadisme qui se traduit par des *virtual offices* et la réduction des surfaces et des coûts des bureaux. Enfin, un mot un peu difficile pour traduire la pression du court terme et la course au résultat, c'est la «financiarisation» des entreprises, avec l'influence des sociétés d'analyse et de cotation et la volatilité de ce qui s'y rattache.

Un autre sujet de préoccupation et d'actualité concerne la prise en compte de tout ce qui nous entoure et des contraintes de vie que nous générons. Dans le cadre du développement durable, nous devons prendre conscience et agir sur notre environnement et ses ressources (énergie, eau…) pour assurer et préserver notre cadre de vie.

Ces mutations qui modifient notre quotidien et notre façon d'agir entraînent trois implications majeures qu'il convient de prendre en compte :

- *L'imprévisibilité* : au lieu de planifier l'avenir, il vaut mieux créer rapidement le futur que l'on veut. Savoir gérer dans l'incertitude et l'instabilité pourrait devenir un facteur de réussite discriminante.

- *La vitesse des changements* : tout va très vite et il vaut mieux courir ensemble dans le désordre que piétiner dans l'ordre, parer aux risques de crise avant qu'il ne soit trop tard.

- *La compétitivité accrue* : personne n'est épargné par le rythme effréné des changements économiques et technologiques. Point de salut à ceux qui ne sauront pas faciliter et simplifier la vie de leurs clients.

Enfin, un impératif demeure qui doit rester la préoccupation centrale, les hommes et les femmes de l'entreprise, premiers des actifs et où l'action des managers de proximité prend toute sa dimension.

LES DÉFIS

Les défis du manager d'aujourd'hui

1. Maîtriser et instrumentaliser les modes d'organisation
2. Se focaliser sur la créativité
3. Prendre en compte le corps social de l'entreprise, individu/groupe/équipe
4. Professionnalisme / Audace / Création de valeur

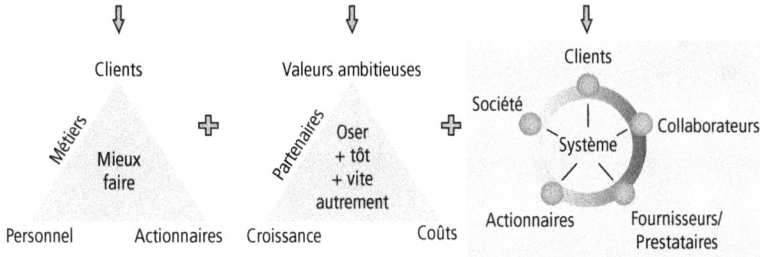

Les défis du manager de proximité sont les défis du management d'aujourd'hui et de son entreprise. Il s'inscrit d'abord dans une organisation de plus en plus instrumentalisée. Cela concerne bien sûr les structures, mais aussi les techniques de gestion et les méthodes de management. Cette instrumentalisation doit être au service des objectifs de l'entreprise et permettre de les atteindre.

Manager, aujourd'hui, c'est aussi se concentrer sur la créativité et l'innovation, avec toutes les incidences et implications que cela entraîne sur le manager de proximité. Il doit également appréhender le corps social de l'entreprise, tant sur le plan individuel qu'au niveau des groupes et des équipes. Enfin, on ne doit pas oublier ce qui doit caractériser le management d'aujourd'hui : d'abord le professionnalisme car il s'agit de toujours mieux faire, l'audace – il faut oser plus tôt, plus vite, autrement –, et surtout le fait de créer un système de valeurs avec ce qui nous entoure et toutes les parties prenantes.

5

Chapitre 2

De l'entreprise artisanale à l'entreprise créatrice de valeur globale

Au fil des années, l'entreprise a subi de nombreuses évolutions. Elle est passée de l'entreprise artisanale à l'entreprise de production de masse, à l'entreprise au plus juste, puis, aujourd'hui, à l'entreprise créatrice de valeur globale.

Les quatre ères de l'entreprise

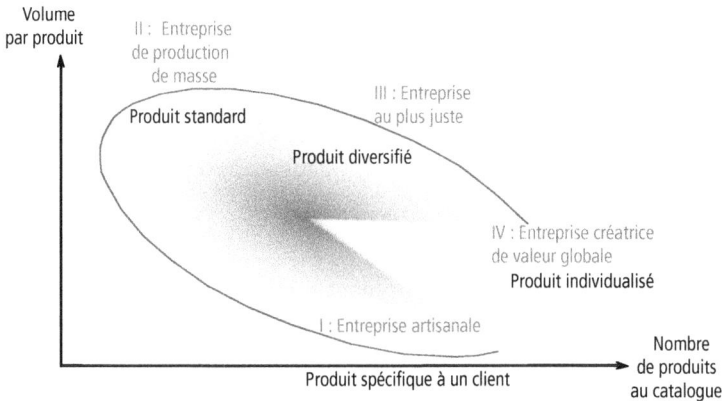

© Institut Renault

L'entreprise, créatrice de valeur globale, offre des produits et des services de plus en plus individualisés porteurs de valeur intangible où le tangible est un dû. Cette entreprise s'est affranchie des exigences «Six Sigma» pour la production de masse et des exigences de la «Lean Enterprise» pour produire au plus juste.

Cette entreprise sait tendre ses processus pour :

- manager l'intermédiation «tirée» par le client, c'est-à-dire réorganiser les offres dans une perspective inversée où le client peut accéder à un univers de biens et de services «réorchestré» par ses propres attentes et la singularité de sa demande ;
- créer et cocréer de la valeur tangible et intangible ;
- produire «Six Sigma» et «Lean» ou «outsourcer» ;
- exploiter les gisements de la chaîne de valeur ;
- réaliser des performances explosives sur les marchés créés ou de niche ;
- développer des réseaux pour aspirer ce qui est porteur de valeur, la transformer en valeur tangible et intangible, déployer le business sur les marchés et les canaux que l'entreprise a choisis ;
- gérer grâce au «knowledge management» les savoirs et savoir-faire de son organisation pour faciliter l'accès, le partage, la réutilisation des connaissances explicites ou implicites, individuelles ou collectives, ainsi que la création de nouvelles connaissances.

Les managers de proximité, immergés dans l'action, travaillent dans ce nouveau contexte, celui que l'on appelle la «mass customisation», qui se caractérise par des produits et des applications uniques, par une production tirée par le consommateur ; la qualité est un dû ; les produits et les services sont complexes et se distribuent au travers de canaux multiples dans des cycles de vie courts et, bien sûr, dans une compétition globale forte.

Les produits «high-tech», qui évoluent rapidement, à la qualité reconnue et que l'on trouve dans les grandes surfaces de distribution ou spécialisées, ou chez des détaillants, sont un exemple de produits représentatifs de la «mass customisation».

L'entreprise est centrée sur la recherche de la performance qui se concrétise par une profitabilité. Elle agit sur plusieurs axes à la fois, en particulier sur la réduction des coûts dans tous les domaines, ou la recherche de croissance, de volumes à l'international pour optimiser les outils de production.

Vers l'entreprise créatrice de valeur globale

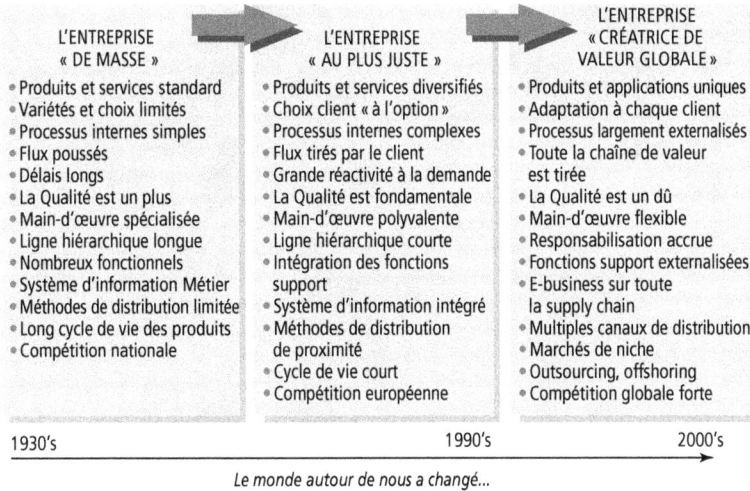

L'ENTREPRISE « DE MASSE »	L'ENTREPRISE « AU PLUS JUSTE »	L'ENTREPRISE « CRÉATRICE DE VALEUR GLOBALE »
• Produits et services standard	• Produits et services diversifiés	• Produits et applications uniques
• Variétés et choix limités	• Choix client « à l'option »	• Adaptation à chaque client
• Processus internes simples	• Processus internes complexes	• Processus largement externalisés
• Flux poussés	• Flux tirés par le client	• Toute la chaîne de valeur est tirée
• Délais longs	• Grande réactivité à la demande	• La Qualité est un dû
• La Qualité est un plus	• La Qualité est fondamentale	• Main-d'œuvre flexible
• Main-d'œuvre spécialisée	• Main-d'œuvre polyvalente	• Responsabilisation accrue
• Ligne hiérarchique longue	• Ligne hiérarchique courte	• Fonctions support externalisées
• Nombreux fonctionnels	• Intégration des fonctions support	• E-business sur toute la supply chain
• Système d'information Métier	• Système d'information intégré	• Multiples canaux de distribution
• Méthodes de distribution limitée	• Méthodes de distribution de proximité	• Marchés de niche
• Long cycle de vie des produits	• Cycle de vie court	• Outsourcing, offshoring
• Compétition nationale	• Compétition européenne	• Compétition globale forte

1930's — 1990's — 2000's

Le monde autour de nous a changé...

© Institut Renault

Chapitre 3

S'inscrire dans une vision
et des axes stratégiques

UNE VISION

Rien ne peut remplacer une vision claire, audacieuse, réaliste de l'entreprise, qui se traduit au travers d'axes stratégiques et d'engagements chiffrés. Pour un groupe international, ces engagements chiffrés peuvent se traduire sous forme d'un contrat à moyen terme (3 à 5 ans) et préciser, par exemple, plusieurs engagements :

- un premier engagement portant sur la qualité : placer un futur produit parmi les trois premiers du marché ;
- un deuxième engagement de profitabilité : atteindre un niveau de marge opérationnelle fixe à une date donnée ;
- un troisième engagement de croissance forte dont la finalité est d'atteindre au terme du contrat un niveau de volume prédéterminé.

Le manager de proximité doit s'inscrire dans cette stratégie ou ce contrat. Cela suppose qu'il doit bien le connaître pour pouvoir communiquer et le faire partager. Dans la vision s'inscrit la mission qui décrit la raison d'être de l'entreprise.

La vision de l'entreprise

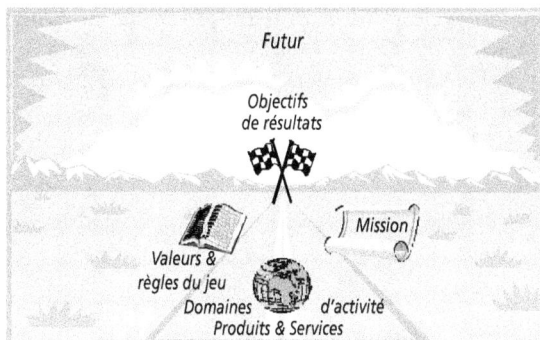

Elle spécifie son domaine d'activité, la valeur ajoutée qu'elle apporte en termes de fonction. Elle s'exprime au profit d'un client sur un périmètre géographique donné. Il est souhaitable qu'elle présente un caractère noble et intemporel.

Par exemple, pour un manufacturier de pneumatiques, la mission sera de contribuer au progrès de la mobilité. Ses orientations stratégiques peuvent être illustrées autour de cinq axes majeurs :

- l'innovation produit : «Devenir l'entreprise la plus innovante dans les domaines du pneu, de la liaison au sol et des services associés»;

- la primauté et la satisfaction client : «Offrir à nos clients la meilleure qualité de produits et de services, au meilleur prix, dans chaque segment de marché que nous décidons de servir»;

- la croissance et l'épanouissement des personnes, le développement de la diversité et de la richesse humaine de l'entreprise;

- la croissance rentable et durable : «Accroître durablement la valeur de l'entreprise en maximisant la rentabilité de nos activités et de nos investissements»;

- l'axe valeur sociétale : «Être une entreprise harmonieusement intégrée dans la société; exercer pleinement nos responsabilités en pratiquant nos valeurs.»

Dans la vision s'inscrit le futur de l'entreprise. C'est son grand dessein, c'est l'avenir souhaité de l'entreprise. C'est le modèle vers lequel l'ensemble du personnel va porter ses efforts. Il doit être fédérateur pour les acteurs de l'entreprise, ses clients, ses partenaires et ses actionnaires.

Le futur ou l'avenir souhaité de l'entreprise est établi à un horizon pour lequel il est possible d'imaginer un futur crédible. Il peut être à 5, 10, 15 ans selon son cycle produit et selon le rythme de changement de l'environnement.

Exemple de vision à cinq ans pour une usine de fabrication

> ➢ Au sein d'une usine sûre et accueillante qui dégage un fort sentiment de sérénité :
>   - ❑ Les équipes se fixent des objectifs et chaque acteur est responsable des résultats.
>   - ❑ Les managers développent et valorisent l'esprit d'entreprendre.
>   - ❑ Chaque personne se sent reconnue pour son travail, ses efforts, ses compétences.
> ➢ L'usine est organisée pour :
>   - ❑ S'adapter efficacement aux volumes, à la diversité et aux évolutions produit.
>   - ❑ S'améliorer continuellement.
>   - ❑ Respecter son contrat de résultats financiers.
> ➢ Par la maîtrise et l'optimisation des processus, l'usine fournit des produits sûrs qui satisfont les prestations attendues par nos clients.
> ➢ Au travers des relations directes entre nos équipes et celles de nos clients et de notre réseau, nous progressons ensemble.
> ➢ Par leur présence sur le site, les fournisseurs s'impliquent dans l'amélioration de notre performance et nous permettent de nous concentrer sur notre cœur de métier.
> ➢ Acteur d'intégration sociale et respectueux de son environnement, le site sait attirer les talents et participe au développement industriel et régional.

C'est une manière également de donner confiance à ses «troupes» pour leur permettre de voir plus loin, de donner un sens à leurs actions et de les impliquer dans le changement.

C'est un moyen en outre d'entretenir la confiance pour ne pas laisser la peur du changement reprendre le dessus.

Le cycle d'acceptation du changement

Les cinq attitudes typiques face au changement

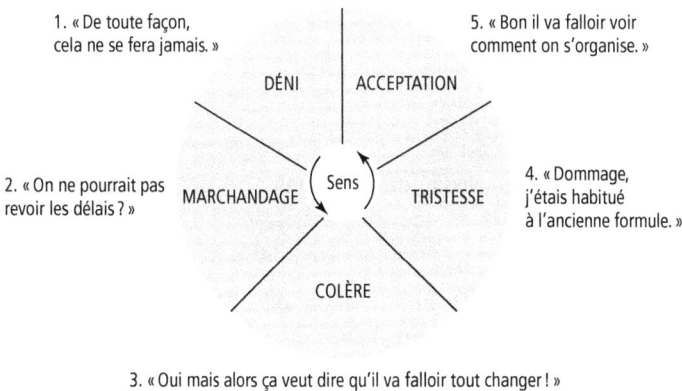

1. « De toute façon, cela ne se fera jamais. »

5. « Bon il va falloir voir comment on s'organise. »

DÉNI   ACCEPTATION

2. « On ne pourrait pas revoir les délais ? »   MARCHANDAGE   Sens   TRISTESSE   4. « Dommage, j'étais habitué à l'ancienne formule. »

COLÈRE

3. « Oui mais alors ça veut dire qu'il va falloir tout changer ! »

Le changement est souvent mal accepté. Il existe une résistance au changement qu'il faut combattre en apportant du sens, et c'est le sens qui va faire évoluer les attitudes et les comportements.

Pourquoi le changement est-il mal accepté ? D'abord par peur, peur de faire couler l'entreprise, d'être manipulé, de s'engager personnellement, de perdre le confort de la situation actuelle, de sortir de la routine, peur de l'inconnu. La résistance au changement se manifeste souvent au sein des équipes car il faut faire le deuil du passé. La non-acceptation va générer de l'immobilisme et aucun engagement.

Pour éviter ce blocage, le manager de proximité doit faire entrer son équipe dans un cycle d'acceptation du changement. Chacun doit faire le deuil d'une situation passée pour s'impliquer dans une nouvelle ; là, l'apport de sens est essentiel. Il doit expliquer l'objectif du changement et son pourquoi, expliquer ce que cela peut apporter collectivement et individuellement, générer une forte motivation pour aider à surmonter les contraintes et les obstacles, mais il doit aussi comprendre les personnalités qui l'entourent.

DES VALEURS

Pour conduire son action, le manager de proximité doit également prendre en compte une logique de valeurs. Pourquoi des valeurs ? Pour donner un sens aux opérationnels et, plus encore, pour fédérer l'ensemble des actions de l'équipe derrière des valeurs communes.

Les valeurs de l'entreprise définissent la culture morale des hommes et des femmes qui composent l'entreprise. Les valeurs peuvent être de deux natures :

- les valeurs «socle» qui sont ancrées dans la culture de l'entreprise : c'est l'héritage du passé ; on reconnaît souvent l'empreinte laissée dans le temps par le créateur de l'entreprise ; on reconnaît également les strates culturelles qui résultent de l'intégration d'entreprises ;
- les valeurs souhaitées et à développer dans le futur : ces valeurs sont d'autant plus nécessaires que l'entreprise fait l'objet d'une recomposition et que son centre de gravité évolue notablement par le truchement d'acquisitions, de création de nouvelles activités ou de nouveaux métiers.

Les valeurs sont le socle culturel sur lequel repose et se développe la vitalité de l'entreprise. Les valeurs sont celles que l'on souhaite faire partager à l'ensemble du personnel car elles sont le liant qui apporte la cohésion des hommes aux buts et finalités de l'entreprise.

Exemple de valeurs

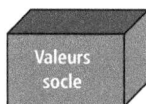

Valeurs socle	❑ Le bon sens ❑ La passion du produit ❑ L'honnêteté ❑ Le respect de l'autre
Valeurs souhaitées	❑ L'esprit d'entreprendre ❑ Le sens du client ❑ La rigueur au quotidien ❑ L'exemplarité ❑ L'esprit d'équipe ❑ La fierté d'appartenance

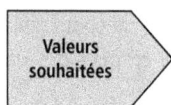

© Institut Renault

Elles doivent donc être communiquées, expliquées, commentées et respectées. La notion de règles du jeu est introduite pour que l'on puisse traduire les valeurs en termes d'attitudes ou de comportements observables. Ainsi, les règles du jeu permettent de s'assurer si tout un chacun, managers de proximité et collaborateurs, joue le jeu ou est hors-jeu. À ce jeu, tout le monde dans l'entreprise a le droit de siffler.

Les règles du jeu peuvent être dictées d'en haut et gravées comme les tables de la loi, mais ce n'est sûrement pas la meilleure méthode pour faire que le plus grand nombre se les approprie. Il est préférable que les règles du jeu soient élaborées au cours de forums par le personnel et, qu'au terme de cette démarche, le comité de direction retienne les règles les plus pertinentes parmi les nombreuses propositions formulées.

Le processus est aussi important que la finalité et le manager de proximité a un rôle à jouer et doit s'inscrire dans ce processus vertueux.

À titre d'exemple, voici les règles du jeu retenues pour la rigueur dans une entreprise de services :

- Je produis des informations ou des instructions précises.
- J'arrive à l'heure aux réunions et je fais tout pour qu'elles se terminent à l'heure.
- J'applique les principes du Débarras, Rangement, Nettoyage, Ordre et Rigueur (les «5S», voir plus loin) à mon poste de travail.
- Je m'assure de donner des informations fiables, de qualité et complètes.

- Je trie l'information et je sélectionne les bons documents pour les bons destinataires.

C'est à travers les comportements de chacun que l'on saura que telle ou telle valeur est bien comprise, intégrée dans les comportements au quotidien et partagée.

Pour le manager de proximité, connaître et prendre en compte la perception des valeurs de l'entreprise par son équipe est chose importante. Cela passe par la réalisation d'un diagnostic. En effet, il est intéressant de savoir quel est le positionnement des acteurs de l'entreprise lorsqu'ils portent un regard sur le niveau de respect des valeurs par les autres et par eux-mêmes.

Exemple de diagnostic des attitudes et comportements du personnel au regard des valeurs de l'entreprise

	1	2	3	4	Moy.
Le sens du client	0	6	8	22	3,7
Le bon sens	2	10	17	13	3,1
La passion du produit	0	4	4	21	4,1
L'honnêteté	3	4	15	19	3,3
L'esprit d'amélioration continue	0	21	9	12	2,9
L'esprit d'entreprendre	1	17	13	13	2,9
La rigueur au quotidien	12	26	4	2	1,9
L'envie de réussir ensemble	4	13	13	11	2,9

Chacun note de 1 à 5 sur les valeurs retenues et exprime sa perception au regard des attitudes et comportements qu'il constate. Une moyenne est élaborée pour chaque valeur qui traduit son niveau de prise en compte par le personnel :

1 = Insuffisant

2 = Faible

3 = Moyen

4 = Satisfaisant

5 = Très satisfaisant

Exemple de diagnostic de mes attitudes et comportements au regard des valeurs de l'entreprise

	1	2	3	4	Moy.
Le sens du client	0	4	7	29	3,8
Le bon sens	0	1	12	25	3,9
La passion du produit	2	11	14	14	3,2
L'honnêteté	0	0	4	29	4,2
L'esprit d'amélioration continue	0	4	16	19	3,6
L'esprit d'entreprendre	0	1	25	15	3,5
La rigueur au quotidien	2	13	14	14	3,1
L'envie de réussir ensemble	0	6	3	27	3,9

Il n'est pas très étonnant de constater que, le plus souvent, le regard que l'on porte sur l'autre est plus sévère que celui que l'on porte sur soi-même. Il est plus intéressant d'aller au-delà du constat et d'approfondir la recherche sur les faits observés qui motivent les évaluations les moins performantes. À partir de ce constat, chacun peut, dans un travail de groupe, au regard des valeurs les plus critiques, éclairer le sujet en formalisant les observables.

Question posée au groupe : quels sont les attitudes et les comportements que vous avez observés et qui traduisent le non-respect de la valeur ? On établit pour cela un diagramme d'affinités qui permet de hiérarchiser les attitudes et les comportements les plus critiques au regard de la valeur.

Les attitudes et comportements qui traduisent le non-respect de la valeur

1 – Formuler la question :
   Au regard de cette valeur (Le sens du client) quels sont les attitudes et les comportements observés qui traduisent le non-respect de la valeur ?

2 – Produire des idées sur la base de faits observés.
   Nombre d'idées : 3 maxi par participant.
   Forme : Sujet + Verbe + Complément

3 – Regrouper les idées de même sens par familles.

4 – Titrer les familles en termes de pratiques (une phrase, pas de terme générique).

5 – Hiérarchiser les familles de pratiques.
   Question : quels sont les attitudes et les comportements observés qui traduisent le non-respect de la valeur ?
   Gommette ◯ 3 points ◑ 2 points ● 1 point

6 – Visualiser la hiérarchisation.

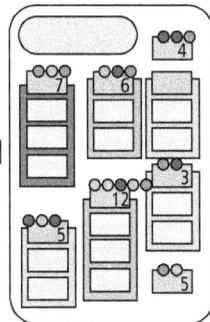

Quelques exemples concrets pour illustrer l'application de la démarche :

Quels sont les attitudes et les comportements que vous avez observés qui traduisent le non-respect de la valeur ?
Exemple : le sens du client

20	18	7	5
Nous ne prenons pas nos décisions en fonction des attendus du client final (le « client » interne est privilégié)	**Les fournisseurs « internes » pilotent l'activité en fonction de leurs priorités**	**Nous sommes plus exigeants vis-à-vis de nos fournisseurs que vis-à-vis de nous-mêmes (8D)**	**La qualité prime sur le délai : le client veut les deux**
• La hiérarchisation des problèmes ne se fait pas partout ➜ on veut tout, tout de suite alors que l'on peut se regrouper en voyant l'axe client.	• Le client final est ressenti comme très loin ; le client interne n'est pas assez pris en compte.	• Nous sommes plus exigeants vis-à-vis de nos fournisseurs que par rapport à nos clients.	• Privilégier la livraison au détriment de la qualité.
• Le client n'est pas la personne à qui l'on pense quand on prend des décisions.			• Stop vérification : 1 arrêt de livraison ne donne pas 1 gamme de tri et de reprise dans le souci du respect du délai client.
• Nous sommes plus focalisés sur les clients internes que sur les clients externes.			

	4		
	Le nombre d'intérimaires nous pénalise pour être orienté client (niveau d'implication insuffisant).		
	• Des personnes en contrat court qui ne connaissent pas le client.		

Il apparaît dans cet exemple que le non-respect de la valeur «Le sens du client» (20 points) résulte de décisions non prises en fonction des attentes du client final mais, qu'*a contrario*, c'est le client interne qui est privilégié.

Quels sont les attitudes et les comportements que vous avez observés qui traduisent le non-respect de la valeur ?
Exemple : la rigueur au quotidien

16	15	12	6
On ne respecte plus ou pas les consignes de sécurité	**La démarche propreté 5S est peu appliquée et pas d'appropriation**	**Le règlement intérieur n'est pas respecté**	**La hiérarchie ne donne pas l'exemple**
• Respect des consignes de sécurité (passage sous les portails, fumer en ligne…). • On fixe des règles de sécurité qu'on applique peu ou pas. • Port des EPI. • Trop de comportements limites par rapport à la sécurité (containers sur passage piétons ; pièce hors zone prévue).	• Appliquer les 5S au quotidien. • Non-application des 5S atelier et bureau. • Les 5S ne sont pas compris donc mal appliqués. • Non-respect de l'environnement de travail. • Poste non rangé en fin de poste. • Pas d'appropriation des standards 5S au poste. • 5S usine pas au niveau attendu. • Les caristes ne déposent quasiment jamais les chariots dans l'espace réservé. • Le 5S est le chantier du responsable de chantier mais l'équipe ne l'applique pas.	• Faire respecter les règles usine à toutes les personnes du site. • Respect des consignes mentionnées dans les cahiers individuels. • **On fume encore sur les lignes.** • Non-respect du règlement intérieur (cigarettes, alcool…). • Rester à son poste jusqu'à la fin de poste. • Ce qui est interdit est toléré ; ce qui est obligatoire est recommandé : les mots « interdit » et « obligatoire » sont des mots interdits dans l'entreprise. • Manque d'exemplarité à tous les niveaux (il est plus facile d'exiger des autres ce que nous ne nous appliquons pas à nous-mêmes).	• Les gens ne font rien dès qu'il y a un arrêt de chaînes (enfin, la plupart !). • Tout le monde ne répond pas à l'heure et avec le sérieux attendu. • Se demander tous les jours : que vais-je faire de mieux aujourd'hui ?

Le non-respect des consignes de sécurité (16 points) apparaît ici comme la principale faiblesse d'un manque de rigueur au quotidien.

Quels sont les attitudes et les comportements que vous avez observés qui traduisent le non-respect de la valeur ?
Exemple : le bon sens

16	16	8	7
On ne se force pas assez à appliquer les idées connues et simples	**On ne pense pas assez à obtenir 60% tout de suite**	**On ré-invente trop souvent (pas assez de capitalisation)**	**On ne s'applique pas assez à « couper les virages » là où cela est possible**
• On cherche à faire compliqué au lieu de faire simple. • Les idées simples sont souvent laissées de côté. • Procéder avec bon sens sans attendre toujours le processus. • Le bon sens de « l'économie » n'est pas palpable. • Ne pas poser au sol des pièces peintes sans protection. • Ne pas chercher trop loin ce que l'on a sous la main.	• Réaliser 60 % de l'action tout de suite au lieu de 100 % dans un an. **4** **L'opérateur n'est pas impliqué (validation)** • L'opérateur n'est pas impliqué (validation). • Valider nos solutions avec les opérateurs. • Ne pas demander l'avis des opérateurs.	• Certaines évolutions produit/process sont abandonnées et il faut faire avec.	• La complexité de nos organisations nous fait parfois perdre notre bon sens. • Mise en place de processus compliqués sur décision d'une personne. • Faire parler le bon sens plutôt que des théories parfois fumeuses.

La mise en évidence de ces éléments, les priorités et les actions qui en découleront seront pour le manager de proximité un atout précieux dans la recherche et l'atteinte de la performance. On peut s'interroger sur les meilleures manières de faire pour qu'évoluent les comportements en profondeur, et ce sur des populations importantes.

La méthode Coué ne fait pas partie de la panoplie du manager de proximité, mais il pourra toujours s'investir en termes d'exemplarité et faire preuve de créativité dans ses plans d'amélioration.

Il peut être intéressant de faire que les acteurs de l'entreprise puissent devenir des acteurs à part entière au sens théâtral du terme. J'ai pu observer ainsi les vertus de l'improvisation sur des situations caricaturales où l'on met les hommes en situation de grossir le trait et de pouvoir tout dire.

Sur la base de quelques règles simples, j'ai pu ainsi observer le talent d'acteur souvent ignoré des hommes de l'entreprise qui peuvent se révéler redoutablement efficaces et drôles tant le comique des situations parle à chacun du vécu au quotidien.

Une fois le thème choisi par un binôme ou un trinôme, il est demandé aux personnes de développer en trois minutes trois temps, à savoir :

- planter le décor pour que le public soit immédiatement dans le thème ;
- faire monter la crise en intensité jusqu'à l'excès ;
- sortir sur une chute percutante qui peut être heureuse ou dramatique.

Ces moments privilégiés permettent d'exorciser les démons de l'entreprise et de prendre conscience collectivement des travers de la collectivité. Cette prise de conscience est souvent salutaire car elle permet de faire tomber brutalement les barrières et souvent d'ouvrir la voie du progrès personnel et collectif.

Partie 2

Manager par la performance

Chapitre 4

Produire des résultats

Le manager de proximité, opérationnel avant tout, inscrit son action dans une logique de performance et doit produire des résultats. La culture du résultat est devenue une nécessité et s'impose de plus en plus à la culture de l'effort.

Cette exigence de résultats peut se traduire en des termes différents selon la fonction occupée. Les plus courants concernent d'abord les résultats d'activité. On parle de volumes, de chiffre d'affaires, de parts de marchés, de dérive achats ou de rentabilité. Là, on fixe des taux de marge à atteindre ou de réduction des coûts.

Si les volumes et la rentabilité sont au rendez-vous, encore faut-il satisfaire ses clients en termes de qualité et de service tout en respectant les contraintes et les normes, qu'il s'agisse en particulier de la santé, de la sécurité et des conditions de vie au travail.

Exigences de résultats pour les managers de proximité

❏ **L'activité :**
- Volumes
- Chiffre d'affaires
- Parts de marché

❏ **La rentabilité :**
- Dérive achats
- Optimisation des marges
- Réduction et chasse des coûts

❏ **La qualité, le service :**
- Satisfaction du client
- Respect des contraintes et des normes, en particulier santé, sécurité, conditions de vie au travail

❏ **Le développement :**
- Croissance
- Innovation participative

L'atteinte du résultat repose sur la capacité des managers de proximité à mobiliser leurs équipes autour d'objectifs clairs, précis, cohérents, qui doivent être également concrets, quantifiables et compréhensibles à tous les niveaux. Les moyens nécessaires pour les atteindre doivent être donnés à chacun.

Cette mesure de la performance est bien sûr pilotée par des indicateurs souvent appelés Key Performance Indicators (KPI), indicateurs de performance adaptés à la population concernée et aux domaines, qui sont un outil de suivi et de reporting pour le manager de proximité.

Les KPIs font l'objet d'un engagement valorisé, qui est le premier palier à atteindre, et d'une cible, qui est le niveau de performance optimal.

Exemple de fiche d'indicateurs de performance

Niveau :	PERFORMANCE DE (Nom, Prénom) :	Date de début : 01/01/2006
	HIÉRARCHIQUE N+1 (Nom, Prénom) :	Date de fin : 31/12/2006
% maxi de prime :	HIÉRARCHIQUE N+2 (Nom, Prénom) :	Taux d'activité : 100 %

Exemple d'indicateurs	n° KPI	POIDS	ENGAGEMENT	CIBLE	MESURE DES RÉSULTATS	normalisé	normalisé pondéré	ramené au % maxi
			DÉFINITION DÉTAILLÉE DES OBJECTIFS			SCORES DÉCOULANT DES RÉSULTATS (*)		
MARGE OPÉRATIONNELLE	1	%						
PARTS DE MARCHÉ PAR SEGMENT	2	%						
CA ASSISTANCE TECHNIQUE	3	%						
TAUX DE SATISFACTION CLIENT	4	%						
		0,00 %				Score global : 0,00 pour 10	0,0 sur	

% PRIME pour une année pleine : 0,00
% PRIME pour 12 mois à 100 % : 0,00

Signatures (avec dates)	Fixation des objectifs	Mesure des résultats
N		
N+1		
N+2		
Dir. Projet		

(*) Le score normalisé est calculé sur 10 et se déduit du résultat selon les règles de valorisation ci-dessous :

Type Quantifié	< Engagement = 0	Engagement = 6	Entre engagement et cible : linéaire	Cible = 10
Type ABCD	D = 0	C = 6	B = 8	A = 10

24

Dans cet exemple de fiche d'indicateurs de performance, quatre objectifs sont fixés et doivent être toujours concrets et exprimés en termes de résultat pour centrer chaque manager sur sa contribution individuelle. L'appréciation du résultat est mesurée par un score calculé en fonction de l'atteinte de niveaux de 0 à 10 :

- Résultat en dessous de l'engagement : 0 (D).
- Résultat à l'engagement : dans le cas présenté, 60 % soit 6/10.
- Résultat entre la cible et l'engagement : linéaire.
- Résultat ⩾ la cible : valorisation maximum à 100 % (note : 10).

Les différents indicateurs choisis font l'objet d'une pondération en fonction du poids qu'on veut leur donner. Un score global découle des résultats et permet de déterminer le pourcentage de prime correspondant. Il permet également de porter une appréciation sur la façon dont les résultats ont été obtenus.

En synthèse, le bilan d'activité repose sur des critères et des objectifs précis, sur un constat factuel de l'atteinte des résultats. Il est complété par des remarques facultatives sur le contexte, les circonstances et les moyens, une appréciation de la façon dont les résultats ont été obtenus (compétences métiers et attitudes professionnelles). Ce bilan permet également d'échanger sur les points d'amélioration personnelle décidés. Il sert de vecteur de progrès et de développement personnel pour chacun.

Chapitre 5

Agir sur les comportements

Le plus important, pour le manager de proximité, est d'inscrire son action quotidienne dans une logique de progrès permanent. Pour cela, il doit agir sur les comportements de son équipe à travers les processus, la satisfaction client, la formation et le coaching.

LES PROCESSUS

Les processus assurent la continuité et la cohérence des actions. Ils permettent de prendre en compte la transversalité de l'entreprise et de ne plus raisonner uniquement par fonction.

On peut définir un processus comme un ensemble d'activités logiquement enchaînées apportant une valeur ajoutée directe (valeur ajoutée client) ou indirecte (valeur ajoutée business) aux clients et/ou aux actionnaires d'une entreprise.

Les processus

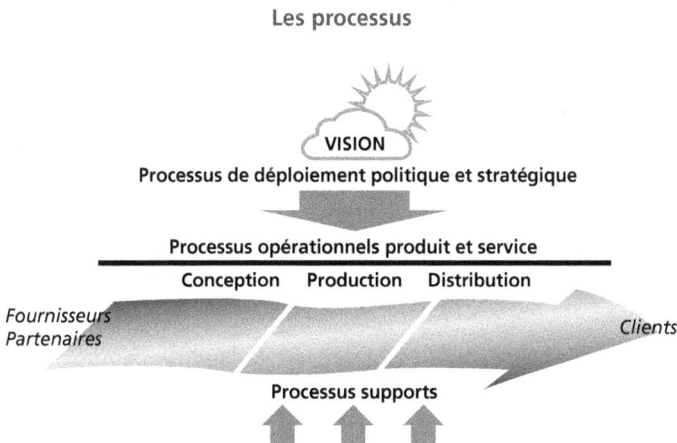

VISION

Processus de déploiement politique et stratégique

Processus opérationnels produit et service

Conception   Production   Distribution

Fournisseurs
Partenaires   *Clients*

Processus supports

Je rappellerai qu'on distingue trois types de processus structurants :

- Les *processus de déploiement politique et stratégique* permettent, à partir de la vision et des orientations stratégiques, d'assurer un déploiement jusqu'aux équipes sur le terrain ;

- Les *processus opérationnels des produits et des services* concernent la conception, la production et la distribution, ils créent la valeur pour le client et le « cash » pour l'entreprise ;

- Les *processus supports* du type Ressources Humaines, Finances, Gestion, Systèmes d'Information soutiennent ces processus opérationnels et la création de valeur.

Agir sur les comportements à travers les processus concerne tous les domaines de l'entreprise.

Acteur de terrain et partie prenante, le manager de proximité joue un rôle déterminant pour que les processus soient efficaces en termes de Qualité, Coûts et Délais. C'est sa connaissance du métier, son observation des modes de fonctionnement qui l'amènent à être force de propositions d'amélioration, mais aussi de remises en cause. Il doit comprendre où il se positionne pour mieux agir ou réagir. Acteur dans les processus internes, il génère de la création de valeur tout en assurant la continuité dans la durée.

Le modèle générique des processus

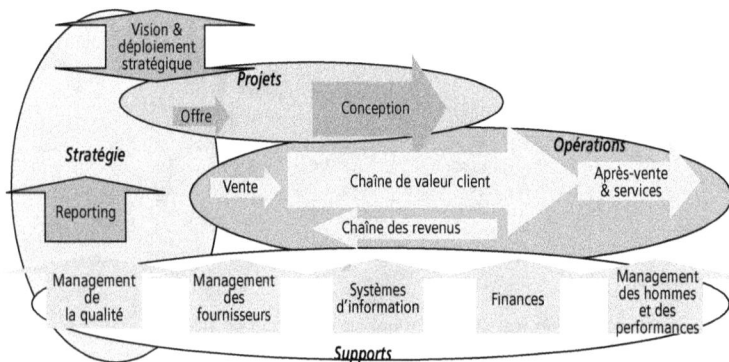

Cette vision processus de l'entreprise est la base de l'approche Lean. Elle permet de penser celle-ci non comme une somme de métiers, aux objectifs plus ou moins contradictoires, mais comme une somme de process, tous tirés directement ou indirectement par le client et/ou l'actionnaire.

C'est l'approche processus qui permet aux métiers, contributeurs de processus, de partager les mêmes objectifs QCD, ceux qui importent aux yeux du client.

LA SATISFACTION CLIENT

Rien n'est très durable sans satisfaire ses clients. Le renouvellement d'une commande ou l'engagement sur une longue période d'un client est le meilleur indicateur de satisfaction. C'est la traduction que vous êtes bien à l'écoute de ses besoins, mais aussi que vous lui apportez la réponse produit ou service qu'il attend. C'est la preuve d'une relation de confiance, base de longévité. Cela prend souvent du temps.

Cela a des conséquences sur le business. Une satisfaction client élevée, un effet de «bouche à oreille» positif assurent un volume de vente en augmentation et une meilleure profitabilité.

Schéma vertueux de la satisfaction client

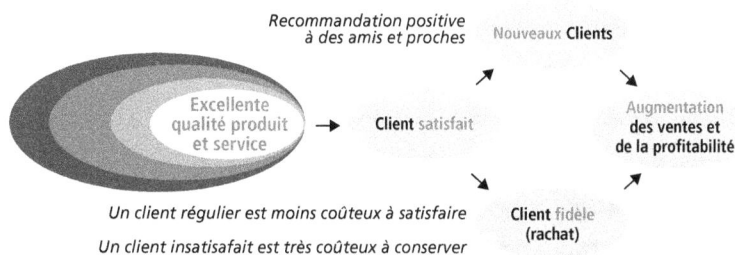

Recommandation positive à des amis et proches — Nouveaux **Clients**

Excellente qualité produit et service → **Client** satisfait

Augmentation **des ventes et de la profitabilité**

Un client régulier est moins coûteux à satisfaire
Un client insatisafait est très coûteux à conserver — **Client** fidèle **(rachat)**

Les clients sont aussi souvent internes à l'entreprise. Chaque manager de proximité doit fournir un délivrable à un destinataire qui doit toujours être considéré comme un client ou un partenaire qu'il faut satisfaire.

Avoir une approche client, voire une culture client, signifie être dans l'opérationnel, le quotidien, être ponctuel et faire preuve d'assiduité. Il faut répondre vite et être réactif et assurément être à l'écoute avec bienveillance tout en assumant sa responsabilité. Il ne s'agit pas de dire «cela ne me concerne pas» et de reporter sur d'autres les sujets à traiter. On a souvent tendance à rechercher et à donner des explications sur ce qui ne va pas. C'est bien sûr utile, mais il faut d'abord s'attacher à régler en priorité les problèmes court terme du client. Il faut aussi savoir respecter la confidentialité souhaitée par le client, être discret et agir avec convivialité. C'est toujours mieux.

Pour améliorer sa performance, on pourra procéder à des mesures de la satisfaction client au travers d'enquêtes dont l'exploitation permettra d'identifier des actions concrètes de progrès.

La mesure de la satisfaction client

Définition générale

La mesure de la satisfaction client sert à vérifier la concordance entre l'offre proposée par l'entreprise et les attentes des clients, et ce par le biais d'une enquête de satisfaction client.

Pourquoi la mesure de la satisfaction client

De telles enquêtes permettent de récolter des données pertinentes, qui peuvent être utiles à la (re)définition d'une orientation stratégique. La réalisation d'une enquête a deux objectifs : satisfaire les clients dans un processus d'amélioration continue et manager les processus pour satisfaire les besoins et les exigences des clients.

Quoi et comment

Avant tout, il s'agit de définir les motivations de l'entreprise, l'objet de l'enquête et à quoi vont servir les résultats; de cerner le périmètre client; et de formaliser l'enquête grâce à un cahier des charges. La réalisation de l'enquête comporte cinq étapes :

- *Écoute client* : en interne, s'entretenir auprès des collaborateurs et chercher les données disponibles (CA, réclamations…); en externe, effectuer une étude qualité en pratiquant des entretiens de groupes, en face à face…

- *Ingénierie de l'enquête* : définir l'échantillonnage, construire le questionnaire, le traitement des données et le mode de restitution.

- *Mesure* : recueillir les données. Les modalités changent suivant la méthode utilisée; face-à-face, téléphone, mailing, e-mailing. Chacune a ses avantages et ses inconvénients en termes de coût, de représentativité, de délai, de taux de réponses, de richesse d'informations.

- *Traitement des données* : soit traiter les données sous forme descriptive, avec des tris à plat, des tris croisés, et un traitement informatique des données; soit il s'agit d'une vision stratégique, qui demande une analyse des corrélations des facteurs, des régressions, la création d'une typologie…

- *Reporting* : définir la forme de restitution des résultats : pour qui? Comment? Dans quelle mesure diffuser les conclusions?

À l'issue de l'enquête, il s'agit de définir un plan d'actions en conséquence des attentes des clients et corriger si besoin est la stratégie marketing. C'est le rôle de la direction.

ZOOM SUR...

la construction du questionnaire

À partir de l'étude qualitative, il faut définir les questions par thème, intégrer des questions générales et opérationnelles, des questions ouvertes, fermées. Pour les questions semi-ouvertes, l'échelle d'évaluation est très importante : 4 ou 5 échelons, de «très satisfait» à «pas du tout satisfait» ou une notation de 1 à 5, 1 à 10.

LA FORMATION ET LE COACHING

À l'heure du droit individuel à la formation, le manager de proximité doit se préoccuper avant toute chose de la formation de ses collaborateurs. Celui qui considère au vu de la priorité du jour qu'une absence à une séance de formation n'est pas un problème, qui ne se préoccupe pas dans l'entretien formalisé annuel d'assurer une formation qui garantisse le développement de celui qui travaille avec lui, compromet certainement l'avenir à long terme de son entreprise. Il convient donc de bien identifier et de formaliser les besoins individuels lors d'entretiens spécifiques.

L'implication du manager de proximité dans la formation de ses collaborateurs est ainsi fondamentale. Il a un rôle actif et contributif sur ce sujet. Chacun, dans une entreprise toujours plus apprenante, sera incité à se former tout au long de sa vie. Être responsable du développement des compétences de son équipe, identifier les besoins, veiller et s'assurer du suivi des formations par un tableau de bord formation constituent assurément un des rôles attendus et prioritaires pour un manager responsable.

Le rôle du manager de proximité dans la formation de son équipe

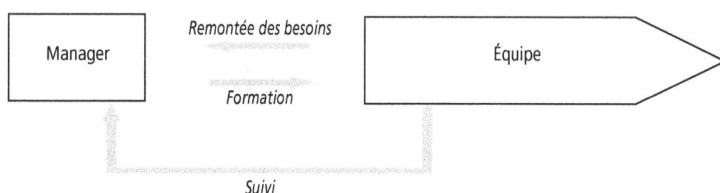

Comme l'entraîneur d'une équipe sportive qui accompagne, motive, gère le moral et les conflits, et qui doit amener son équipe au plus haut niveau de performance pour gagner, le manager de proximité doit souvent se mettre dans la position de coach. C'est d'abord par une relation étroite, ouverte et attentive, une connaissance des profils et une compréhension des problèmes de chacun qu'il pourra piloter et mieux mobiliser son équipe. Il cherchera, par une bonne hiérarchisation et répartition des tâches, une bonne gestion du temps et des priorités, à accroître l'efficacité de l'équipe. Il doit savoir répondre à des questions simples :

- Quel est mon rôle?
- Que vais-je y gagner?

Il pourra lui aussi, si l'opportunité se présente, se faire coacher ou accompagner pour apprendre à mieux se connaître, à identifier son style de management et bien comprendre son mode de communication envers son équipe. Le langage doit être clair, simple, transparent, adapté au type de population.

Il doit aussi respecter, considérer et bien sûr reconnaître les efforts faits. Il s'agit de les valoriser. Chaque fois que cela est possible, il doit montrer l'importance de la personne à valoriser au sein de l'équipe et bien mettre en valeur, voire fêter, les succès enregistrés et les améliorations constatées. Il veillera aux «bulles de surcharge» et apportera son soutien afin que chacun ressente moins de stress. Il agit ainsi sur le climat de son équipe et maintient un climat positif.

Pour se faire accompagner dans cette démarche, le manager de proximité pourra choisir l'assistance d'un professionnel extérieur ou parfois même interne. Cet accompagnement coaching aura pour objectif le développement des aptitudes, l'amélioration de l'efficacité, l'adaptation à une situation nouvelle, l'aide à la décision, ou la résolution des difficultés. Cette intervention porte sur toutes les compétences qui ne dépendent pas exclusivement de connaissances techniques. Elle est particulièrement bien adaptée aux «savoir-faire» et «savoir-être» concernant le management, l'organisation, le relationnel, la communication, le commercial.

Le coaching vise le développement de l'autonomie et non la reproduction de modèles. En apportant un nouvel éclairage sur les situations réelles, il génère des évolutions significatives en matière de comportement et d'efficacité. Il facilite notamment les adaptations aux changements intenses de l'environnement économique et social. Il entraîne conjointement une réduction du stress en améliorant l'aisance dans la fonction, et en apportant un antidote à la solitude des décideurs et des responsables.

Le coaching

Définition générale

Action d'accompagnement d'un professionnel par un autre professionnel[1] en vue de susciter un progrès défini, dans un temps donné capable de satisfaire à la fois les besoins de la personne et de l'entreprise.

Pourquoi le coaching

Une action concrète d'accompagnement pour une réduction efficace des
écarts entre une problématique d'entreprise et les souhaits du manager
coaché ; une démarche adaptée d'écoute dans l'environnement incertain
et parfois chaotique qui fait le quotidien des managers.

Comment et par qui

En utilisant le retour d'expérience, le vécu. En restant concret, sans théo-
rie superflue avec une vision positive et dynamique transformant les
objections en action, *le coach* (interne ou externe) va aider le «coaché» à
élaborer lui-même ses propres solutions. L'essentiel de la prestation
repose sur des entretiens en face à face, basés sur l'utilisation des méthodes d'écoute active (écoute, questionnements, reformulations).

Le coach va notamment mettre en évidence les points qui méritent attention. Il va ainsi aider son client à détecter les «zones d'ombre», à affiner
ses analyses, à entrevoir de nouveaux points de vue, à construire des
réponses à ses attentes. Il complétera ces réflexions par des apports didac-
tiques, des méthodes et des outils.

Bénéfices

* Un management plus efficace parce que plus serein.
* Un management différent.
* Une anticipation sur les événements et les hommes, création de valeur
  ajoutée.
* Une meilleure prise de recul pour une meilleure gestion des difficultés.
* La sortie de l'isolement du manager…

---

1. Parité.

ZOOM SUR...

la méthode «SOSAC »
pour conduire un entretien
de type coaching

La méthode SOSAC (Situation, Objectif, Stratégie, Attentes,
Contrat) s'utilise après le précontact («brise-glace»). Elle permet
de comprendre la situation, de préciser les objectifs, de définir la
stratégie de la séance, de clarifier les attentes et de finaliser
le contrat de séance. Cette étape précède
le cœur de l'entretien qui durera
au maximum 1 h 30.

Les fondamentaux de la relation en face à face

Définition générale

La relation en face à face repose sur trois étapes qui utilisent des comportements appropriés : lors de la prise de connaissance, le dialogue est indispensable. Ensuite, il s'agit de découvrir et d'identifier le besoin de l'interlocuteur ou l'objet de l'entrevue, il faut faire preuve d'empathie. Enfin l'asservité est de rigueur pour mener à bien l'argumentation.

Pourquoi la relation face à face

Elle est essentielle pour une approche de coaching.

Quoi et comment

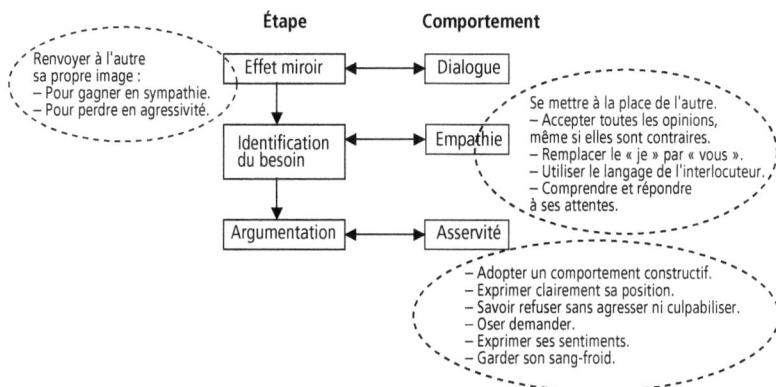

Dans cette démarche, quatre aspects sont à souligner :

- *L'apparence* : le regard, l'attitude, le visage, l'image et le sourire jouent un rôle important dans les premiers instants.
- *Le comportement* : l'implication, la mesure du temps, le positif, l'empathie et le sens commercial influent sur la qualité de déroulement de l'entretien.

- *L'attitude* : l'écoute, la compréhension, l'habileté, l'orientation et la maîtrise sont autant de qualités qui mèneront l'entretien à son objectif.
- *Le discours* : il doit être clair, concis, court, concret et construit pour avoir l'impact voulu sur l'interlocuteur.

Bénéfices

Une meilleure proximité, réactivité et transparence. Plus de chaleur et d'enthousiasme.

ZOOM SUR...

quelques conseils pour le coaching

Connaître parfaitement son sujet, travailler en petit groupe ou en face à face, veiller à ne pas être dérangé, installer confortablement le(s) participant(s), clarifier la méthode et l'objectif, gérer la prise de parole et le temps, veiller à la mise en œuvre.

Chapitre 6

Agir sur l'organisation

Dans une logique de progrès permanent, le manager de proximité doit agir sur l'organisation. Pour cela, il dispose de nombreuses démarches qu'il paraît utile de connaître, même s'il n'en a pas une connaissance approfondie. Il se retrouvera impliqué dans la mise en œuvre et le déploiement qui en résultent. Plusieurs démarches, aujourd'hui, sont très utilisées. Il pourra d'abord s'inscrire dans une approche de type PDCA (Plan, Do, Check, Act) aujourd'hui reconnue. C'est la fameuse «roue de Deming». Il s'agit de :

- définir l'objectif ;
- observer la situation ;
- analyser les causes ;
- élaborer le plan d'actions ;
- mettre en œuvre et déployer la stratégie ;
- vérifier les résultats et les processus ;
- assurer le maintien à niveau (standards) ;
- généraliser et capitaliser l'expérience.

Une autre démarche très utilisée aujourd'hui au niveau du management de l'entreprise est la démarche Six Sigma. Les grandes entreprises, particulièrement anglo-saxonnes, privilégient cette démarche et enregistrent des gains significatifs.

Cette méthodologie, basée sur une quantification systématique du problème et des causes, s'appuie sur les outils classiques de la qualité et des statistiques. Elle consiste à définir, mesurer, analyser, améliorer et maîtriser les problèmes pour éliminer la non-qualité et pour rendre l'entreprise plus compétitive. Cette démarche d'entreprise, basée sur des données et des faits, génère beaucoup d'effets, mais également de contraintes, de par sa rigueur d'application pour tous les responsables et acteurs de l'entreprise.

Une autre méthodologie, très courante et pratiquée aujourd'hui, à l'heure de la mondialisation, est le benchmarking. Il est toujours intéressant de regarder ce qui se passe ailleurs et autour de soi, que ce soit dans son métier, dans des entités concurrentes ou dans des domaines où les contraintes environnementales et réglementaires sont équivalentes. Se comparer est un exercice toujours bénéfique. Il permet de savoir si l'autre n'est pas meilleur que moi ou s'il peut m'apprendre et m'apporter un plus et un enrichissement. La difficulté réside à prendre l'initiative de se comparer avec les meilleurs car en général, lorsqu'on n'est pas très sûr que ce que l'on fait est bon, on ne cherche pas à se compliquer la vie dans un benchmarking et à aller à la rencontre d'autres entreprises.

Cela veut dire que se comparer avec les meilleurs n'est pas toujours facile, mais lorsque c'est possible, cela permet de se fixer de nouvelles perspectives et de nouveaux objectifs plus ambitieux.

C'est aussi un des moyens de modifier son attitude et ses comportements en voyant ce que font les autres et en évaluant l'écart qui nous sépare en Qualité, Coût et Délai. Lorsqu'on est sûr de sa performance, on est d'ailleurs prêt à faire n'importe quel benchmarking car cela génère de l'ouverture et permet de trouver quelque chose de nouveau.

Le benchmarking est également un moyen d'aller chercher les limites de ce que l'on fait et de se donner de nouvelles ambitions pour battre demain le benchmarking d'aujourd'hui.

Enfin, le manager de proximité doit de plus en plus prendre en compte sa capacité d'échanges et développer la transversalité. Souvent, les difficultés viennent du cloisonnement. Le potentiel dormant est aux frontières et aux interfaces. Il convient donc de favoriser les interrelations entre les équipes, que ce soit en amont, en aval, en transverse, pour prendre en considération les contraintes des autres entités internes qui sont ses clients ou partenaires.

LA DÉMARCHE PDCA : PLAN, DO, CHECK, ACT

La démarche PDCA est utilisée dans la recherche du progrès permanent et pour les projets d'amélioration continue. On a l'habitude de la schématiser à travers la roue de Deming.

La roue de Deming

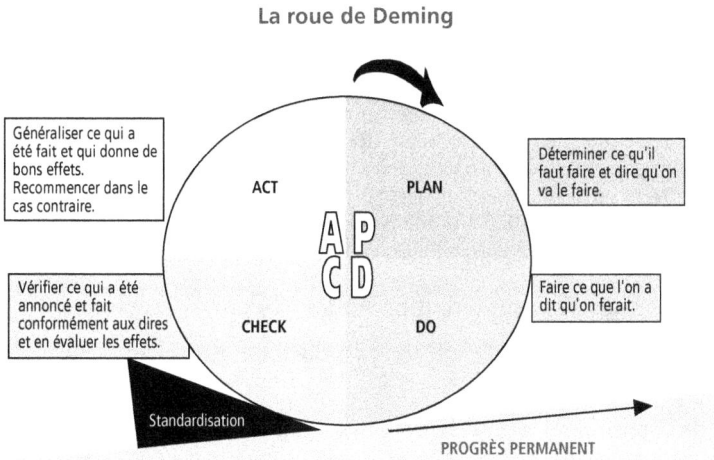

La phase PLAN (planifier - préparer)

Avant de faire quelque chose, il s'agit d'abord de déterminer l'objectif de travail ainsi que les méthodes utilisées pour l'atteindre. La définition et la planification impliquent :

- de définir une politique et des objectifs ;
- d'élaborer un plan de mise en œuvre, planifier la répartition des tâches dans le temps ;
- de définir des indicateurs de processus et de résultats ;
- d'arbitrer les conflits.

La phase DO (faire - réaliser)

Après avoir prévu ce que l'on veut faire, il faudra «faire» ou «agir» selon les processus préétablis. Ceci impose de :

- s'assurer de la faisabilité du projet ;
- former, instruire en vue de l'action ;

- de mettre en place les indicateurs ;
- d'appliquer dans le temps imparti.

La phase CHECK (vérifier - contrôler)

L'action n'est véritablement profitable que si l'on a le souci de veiller à ce que les tâches soient exécutées selon les spécifications (si elles existent). Cette phase consiste également à mettre en place des outils de contrôle du projet ou du processus mis en place. Cela implique :

- de s'assurer de la réalisation des résultats à l'aide des indicateurs définis au cours de la première phase « PLAN » ;
- de vérifier la conformité des résultats ;
- de consolider les résultats ;
- de préparer la communication sur les résultats, si nécessaire ;
- d'intervenir le cas échéant pour rectifier afin d'atteindre les objectifs fixés ;
- de déterminer les causes qui ont conduit aux dérives par rapport aux objectifs.

La phase ACT (réagir)

Cette phase consiste à établir des règles afin de stabiliser les résultats dans leur processus mais également à réagir face aux écarts constatés lors de la phase précédente, entre les résultats attendus et ceux observés. Il s'agira alors :

- d'établir une première règle dans tous les cas, qui pourra être améliorée par la suite ;
- de tirer les enseignements en essayant notamment de généraliser la solution aux autres secteurs et processus impliqués ;
- de généraliser ;
- de détecter les améliorations possibles.

Le progrès permanent

La roue de Deming intègre une stratégie de progression qui va de l'avant. Cependant, il faut veiller à ce que le cycle poursuive la progression et que le rythme soit maintenu. C'est pourquoi, il est nécessaire de «bloquer la roue» avec des actions, en l'occurrence la mise en place de standards qui garantissent un maintien à niveau.

S pour standards

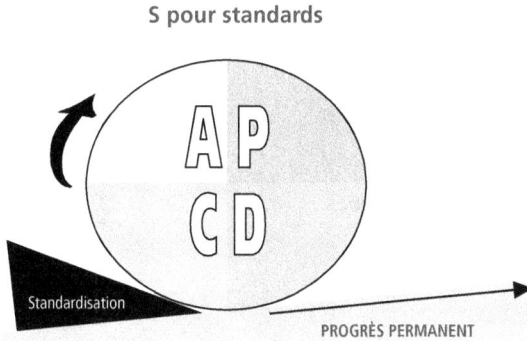

Le plus important est que les standards soient validés et deviennent les référents. La démarche PDCA incite à les améliorer continuellement et la modification du standard référent au fur et à mesure assure un progrès permanent. (Voir partie 3).

Le progrès permanent, c'est l'amélioration continue mais aussi la percée.

Amélioration et percée

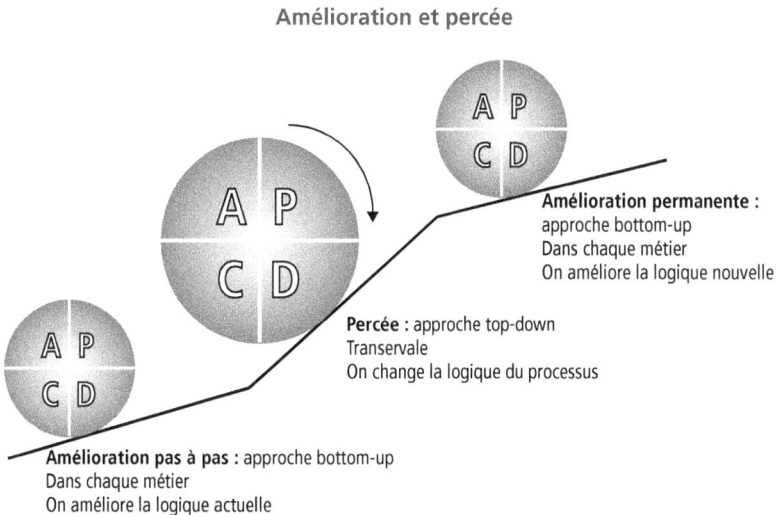

Amélioration permanente :
approche bottom-up
Dans chaque métier
On améliore la logique nouvelle

Percée : approche top-down
Transvervale
On change la logique du processus

Amélioration pas à pas : approche bottom-up
Dans chaque métier
On améliore la logique actuelle

L'intérêt de la démarche PDCA pour le manager de proximité : s'améliorer en continu et viser la perfection. Quatre conditions doivent être réunies :

Quatre conditions pour viser la perfection

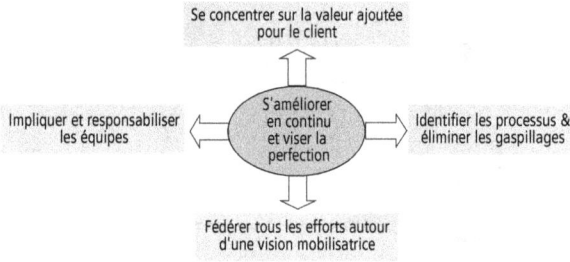

LA DÉMARCHE SIX SIGMA

Développée aux États-Unis par Motorola dans les années 80, Six Sigma est une méthodologie mathématique. Elle utilise la gestion de l'information par les faits et l'analyse statistique pour définir, mesurer et améliorer la performance opérationnelle d'une société, d'un processus et des systèmes. Six Sigma identifie et élimine les défauts dans les processus pour satisfaire les clients, améliorer l'efficacité et réduire les gaspillages. Six Sigma se compose de quatre facettes :

- la mesure;
- la méthode;
- l'organisation;
- la vision.

Six Sigma, une mesure

Sigma ou σ est une lettre de l'alphabet grec, et symbolise *l'écart type*. L'écart type représente la variabilité d'un processus, c'est-à-dire caractérise la dispersion des valeurs par rapport à la moyenne. La dispersion est l'écart dans lequel se répartissent les valeurs. Plus les valeurs sont dispersées autour de la moyenne, plus l'écart type est élevé. On aurait pu prendre l'écart moyen, mais on préfère l'écart type qui a des propriétés intéressantes. De même qu'on préfère la moyenne à la médiane.

L'écart type

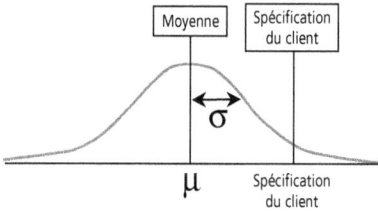

μ = la moyenne, σ = l'écart type

D'après la loi normale, l'intervalle entre μ et 2 σ (1 σ de chaque coté de μ) comprend 68 % de la courbe de répartition des données (courbe ci-contre) ; entre μ et 4 σ, 93 % ; enfin l'intervalle entre μ et 6 σ comprend 99,7 % des données. Il y a alors de très très faibles chances que le client ne soit pas satisfait.

Six Sigma permet d'agir sur les trois causes majeures de défaillance d'un processus :

- Comprendre le besoin du client et ajuster la spécification.
- Rechercher les causes de variabilité et limiter leurs effets.
- Mesurer la moyenne et ajuster les paramètres du processus.

En s'attaquant à la variabilité, on améliore durablement le processus

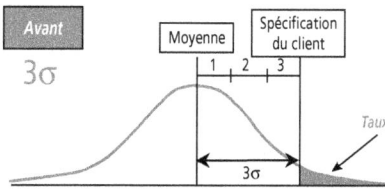

On parle d'un processus à 3σ, lorsqu'on a 3 fois l'écart type entre la moyenne et la spécification

Taux de défauts : 6,6 %

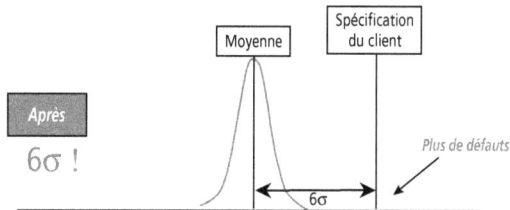

La mesure 6 σ consiste à admettre que l'intervalle dans lequel on est sûr que le client sera satisfait, est celui qui inclut 6 σ entre la moyenne et la spécification. Il s'agit de réduire l'écart type pour «tirer» la courbe vers le haut.

Dans la démarche, la mesure est puissante et s'appuie sur des faits et non sur des opinions.

**Six Sigma propose une méthode appropriée
à chaque niveau de difficulté**

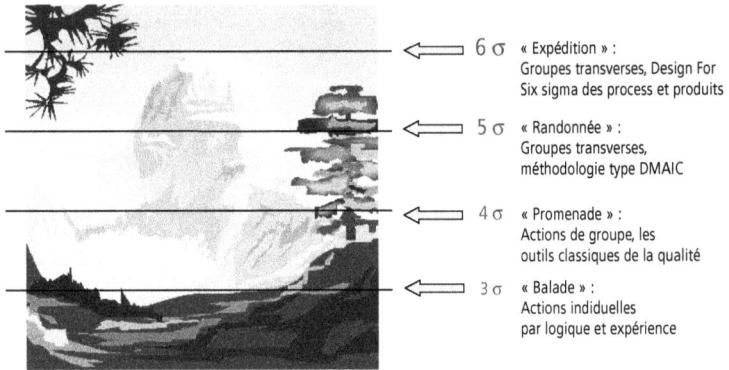

⟸ 6 σ « Expédition » :
Groupes transverses, Design For
Six sigma des process et produits

⟸ 5 σ « Randonnée » :
Groupes transverses,
méthodologie type DMAIC

⟸ 4 σ « Promenade » :
Actions de groupe, les
outils classiques de la qualité

⟸ 3 σ « Balade » :
Actions indiduelles
par logique et expérience

Six Sigma, une méthode

La méthode Six Sigma se focalise sur les besoins du client et la recherche de gains substantiels pour l'entreprise. Il s'agit de produire une méthode de résolution de problèmes en cinq étapes, dont les premières sont des phases de réflexion et d'analyse.

Les cinq étapes DMAIQ

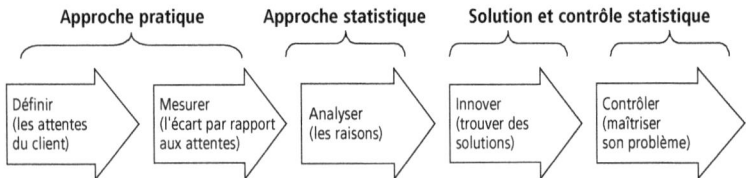

Approche pratique — Approche statistique — Solution et contrôle statistique

Définir (les attentes du client) → Mesurer (l'écart par rapport aux attentes) → Analyser (les raisons) → Innover (trouver des solutions) → Contrôler (maîtriser son problème)

Chaque étape fait appel à des outils appropriés. Ce tableau en présente certains : *(Liste non exhaustive)*

Étapes/Questions	Outils
Définir • Qui est le client ? • Quel est le problème ? • A-t-on validé le système de mesure, peut-on le mettre en place ? • Quel est le coût de non-qualité, comment l'a-t-on estimé, qui l'a validé en finance ? • A-t-on le feu vert du management ?	• Pareto • Cartographie des processus • Feuille de signature du projet
Mesurer • L'équipe est-elle en place ? • Les spécifications sont-elles reliées au client, qui les a validées ? • A-t-on caractérisé le problème : problème de stabilité ou capacité, de moyenne ou d'écart type, quelle est la forme de la distribution ? • La prochaine phase est-elle planifiée ? • Quels sont les coûts de non-qualité et les économies espérées ?	• Pareto • Cartographie des processus • Histogrammes, stabilité temporelle • Analyse d'aptitude du processus
Analyser • Y = f(X) : quelles sont les causes (X) : comment les a-t-on sélectionnées ? • Les X sont-ils corrélés au Y ? • Quels sont les coûts de non-qualité et les économies espérées ? • La prochaine phase est-elle planifiée ? • A-t-on encore l'accord du management ?	• Brainstorming • Diagramme causes/effets • Cartographie des processus • Analyses graphiques • Tests statistiques

.../...

Étapes/Questions	Outils
	• Brainstorming
Innover • A-t-on des interactions entre les X ? • Quelles sont les solutions alternatives ? • Tous les X sont-ils contrôlables ? • Quels sont les facteurs de bruit ? • Comment minimiser la variance ? • Quelle est la taille de l'échantillon pour confirmer les résultats ? • Quels sont les coûts de non-qualité et les économies espérées ?	• AMDEC • Plan d'expérience • Simulation du nouveau processus
Contrôler • Comment s'assure-t-on que le problème ne peut réapparaître ? • A-t-on déployé le nouveau processus, modifié les procédures opérationnelles, les nomenclatures ? • Qui est le responsable du nouveau processus, a-t-il été formé ? • Le ou les clients du nouveau processus reconnaissent-ils l'amélioration ? • Quelles sont les bonnes pratiques acquises ?	• Poka Yoké • Plan de contrôle, Maîtrise Statistique des Processus (SPC) et cartes de contrôle sur les X • Nouvelle aptitude du processus28

Six sigma, une organisation

Quatre acteurs principaux portent le projet de la mise en place de Six Sigma :

• le « Champion » ;

• le « Master Black Belt » ;

• le « Black Belt » ;

• le « Green Belt ».

Le *Champion* est représenté par le comité de direction. Il est le gardien des *objectifs de Six Sigma*. Son rôle est d'assurer la cohérence entre les projets Six Sigma et les objectifs de l'entreprise. Pour y parvenir, il sélectionne les Black Belts, il définit et choisit les projets, il établit les objectifs (K€, taux de défauts, etc.), il coordonne les équipes multifonctionnelles, il supprime les obstacles, il garantit la disponibilité des ressources.

Le *Master Black Belt* (MBB) est l'expert méthodologique. Il est le gardien de la *méthode*. Son rôle est de garantir que la méthode est comprise, largement déployée et bien utilisée. Pour cela, il développe la formation destinée au Black Belts, les accompagne, s'assure que la méthode est employée rigoureusement, partage les bonnes pratiques au sein de l'entreprise, garantit la compétence Six Sigma (mise en place d'une évaluation).

Le *Black Belt* (BB) est le chef de projet, il est le gardien du *changement*. Son rôle est de réaliser des projets en utilisant la méthode et en gérant une équipe transverse. Pour y arriver, il est dédié à 100 % à Six Sigma, se forme en profondeur sur les outils et la méthode, s'approprie les objectifs Six Sigma, utilise rigoureusement la méthode, choisit des projets ambitieux, développe ses compétences de chef de projet, facilite le déploiement dans les départements.

Le *Green Belt* (GB) est le leader opérationnel, il est le gardien de la *pérennité de l'initiative*. Son rôle est de réaliser des projets liés à son environnement quotidien en utilisant la méthode Six Sigma. Pour atteindre ses objectifs, il choisit des projets qui le concernent, il dédie 20 % de son temps à son projet Six Sigma, se forme sur les outils et la méthode, s'approprie les objectifs Six Sigma de son secteur, applique rigoureusement la méthode, utilise les outils dans son travail quotidien.

Un développement des acteurs et de leurs compétences qui entraîne une nouvelle gestion des Ressources Humaines

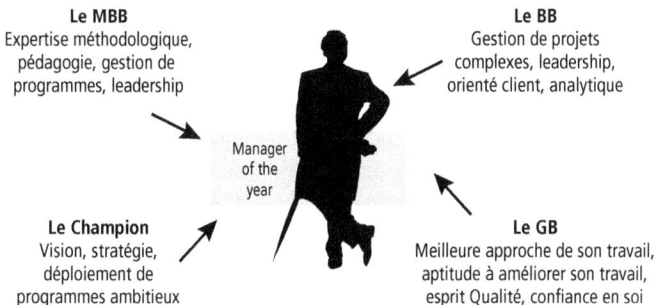

Le MBB
Expertise méthodologique, pédagogie, gestion de programmes, leadership

Le BB
Gestion de projets complexes, leadership, orienté client, analytique

Manager of the year

Le Champion
Vision, stratégie, déploiement de programmes ambitieux

Le GB
Meilleure approche de son travail, aptitude à améliorer son travail, esprit Qualité, confiance en soi

Six Sigma, une vision

La démarche Six Sigma nécessite la participation de toute l'équipe encadrante, du comité de direction aux managers de proximité. Plus qu'un outil statistique ou un programme qualité, c'est un programme de management, de changement de la culture, destiné à faire des économies quantifiées, à réduire le nombre de produits non conformes. C'est la direction qui prend l'initiative et qui doit soutenir avec rigueur leur déploiement. Ce n'est pas une mode ni du court terme mais une démarche d'entreprise sur le long terme.

Les +

1. Une démarche d'entreprise donc un changement de culture et un langage commun.
2. Une démarche très structurée qui a prouvé sa valeur ajoutée (GE, Allied Signal, Telefonica, Sony…).
3. Des bénéfices importants.
4. La focalisation client.

Les –

1. La nécessité dès le départ d'un investissement important.
2. Le besoin de forcer un changement drastique donc une très forte implication du management.
3. La gestion des priorités/l'allocation de ressources « top performers » sur des projets plutôt que sur des positions de management opérationnel.
4. Une formation plus complète que nécessaire pour un projet donné.

LE BENCHMARKING

En étudiant les différentes méthodes d'analyse de la concurrence et du marché, on découvre que le benchmarking capitalise les points forts de chacune d'entre elles.

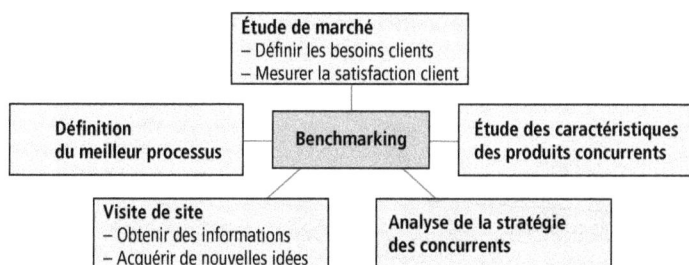

Le benchmarking est la méthode la plus récente. Elle a été initiée aux États-Unis à la fin des années 70 puis est apparue en Europe en 1988. Le benchmarking permet d'analyser en équipe les pratiques des meilleurs et ainsi de définir le processus qui répond le mieux aux besoins des clients.

Qu'est-ce que le benchmarking ?

Le benchmarking est une méthode qui permet de comparer ses processus quantitativement et qualitativement avec ceux des meilleurs pour améliorer ses processus et sa performance. Cette comparaison est fondée sur des règles claires et bien définies :

- d'intérêt mutuel, de réciprocité et de transparence entre les partenaires de benchmarking;

- de confidentialité vis-à-vis des autres entreprises.

L'objectif de cette méthode est d'analyser en équipe ce que font les meilleurs dans un domaine donné, et d'essayer de comprendre comment on se place et comment on pourrait atteindre le meilleur niveau (World Class).

Le benchmarking trouve sa place dans une logique de développement. Le schéma ci-après résume la position de l'entreprise par rapport à son ou ses concurrents à l'instant T. L'objectif est bien sûr de réduire l'écart, voire d'inverser la tendance, concernant la performance de l'entreprise. Le benchmarking va y aider.

**Se fixer des objectifs pour être le meilleur du marché
ou rejoindre le peloton de tête**

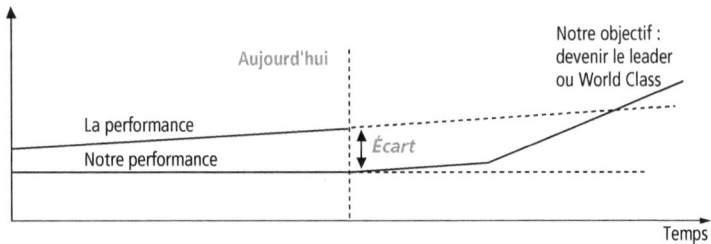

Ce que n'est pas le benchmarking

Le benchmarking se différencie des pratiques suivantes de recueil d'informations sur des points précis :

- *Documentation* : la recherche documentaire s'effectue sans échange particulier, ni retour d'expérience.
- *Veille concurrentielle et réglementaire* : les informations sont obtenues de manière unilatérale. Elles permettent de définir l'environnement dans lequel l'entreprise va évoluer et d'élaborer des scénarios plus ou moins probables.
- *Espionnage industriel* : il n'y a aucune déontologie.
- *Tourisme industriel et commercial* : les objectifs ne sont pas définis, il n'y a aucune préparation et exploitation des données.

Attention aux idées reçues sur le benchmarking, telles que :

- *Faire du benchmarking, c'est imiter ou copier* : en réalité, il faut adapter et appliquer à votre entreprise des pratiques dont l'efficacité est reconnue.
- *Après votre benchmarking, vous êtes tranquille pour votre avenir* : le benchmarking n'est pas une action ponctuelle. Il s'agit de le planifier comme un processus à long terme. C'est la voie pour un progrès durable.

Les différents benchmarking

Il n'existe pas seulement UNE méthode de benchmarking mais plusieurs...

Le benchmarking interne

Il s'agit de comparer deux processus d'une même entreprise ou de deux entreprises au sein du même groupe.

☺	☹
L'information est facilement accessible, il n'y a pas de problème de confidentialité.	Les processus « benchmarkés » ne sont pas forcément les meilleurs.

Le benchmarking externe concurrentiel et non concurrentiel

Il s'agit de comparer un processus de son entreprise avec celui d'une autre entreprise de son secteur (benchmarking concurrentiel) ou d'un autre secteur (benchmarking non concurrentiel).

☺	☹
Il permet d'obtenir des améliorations importantes en se comparant à des processus performants.	Il nécessite d'avoir un système d'information efficace. Il demande des budgets plus élevés.

Le schéma suivant présente les trois types de benchmarking en fonction du degré de difficulté de mise en place :

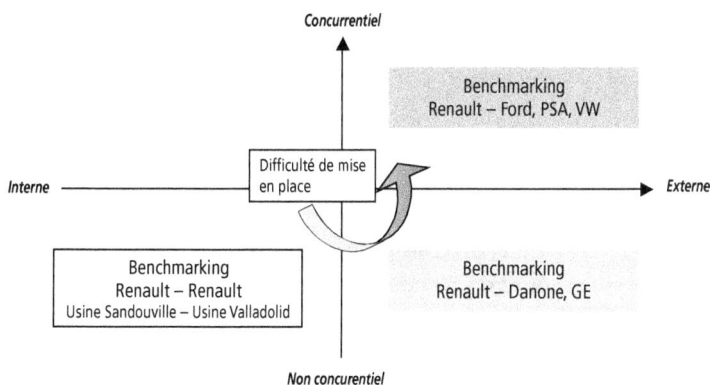

Méthode

Avant tout, il s'agit de définir ce qu'est un processus puisque le benchmarking se propose d'en comparer plusieurs. Un processus est l'ensemble des moyens et des activités liés qui transforment des éléments entrants en éléments sortants, et ce avec une valeur ajoutée. Ces moyens peuvent inclure le personnel, les finances, les installations, les équipements, les techniques et les méthodes.

Le benchmarking s'articule autour de quinze étapes réparties en six phases :

- analyser le processus ;
- rechercher des améliorations ;
- mettre en place des solutions retenues ;
- vérifier les résultats ;
- établir les règles de travail ;
- donner une suite.

Les étapes s'articulent autour du cycle PDCA selon la répartition suivante :

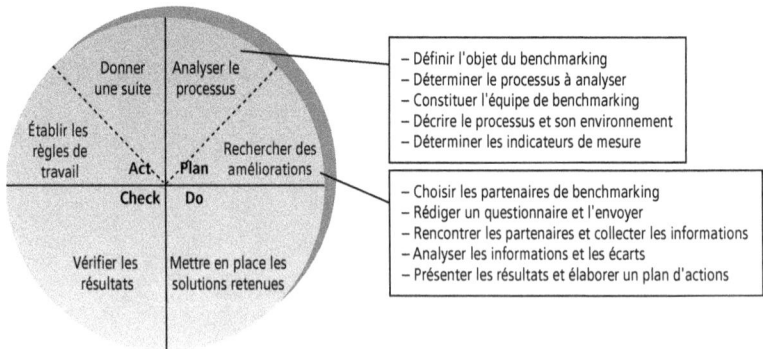

Toute la démarche de benchmarking est réalisée par une équipe composée d'un pilote, de deux ou trois professionnels du processus, d'un fournisseur du processus et d'un client du processus.

On peut retenir sept règles pour réussir un benchmarking :

- Mobiliser activement l'encadrement et le Top Management.

- Connaître de façon approfondie des processus internes pour pouvoir les comparer aux autres.
- Avoir la volonté de changer et de s'adapter selon les conclusions du benchmarking.
- Concentrer les recherches sur les entreprises ou départements leaders sur le processus choisi.
- Respecter scrupuleusement les étapes de l'étude.
- Benchmarker aussi les non-concurrents.
- Travailler en groupe.

Rôle du manager de proximité

Le pilote, manager de l'équipe transverse :
- désigne les membres de l'équipe de benchmarking ;
- aide à l'obtention des ressources nécessaires ;
- interprète la vision, la mission et la stratégie de l'organisation pour l'équipe ;
- motive et encourage l'équipe ;
- communique les activités de l'équipe à l'organisation ;
- soutient les améliorations proposées par l'équipe de benchmarking.

Le benchmarking

Définition générale

Le benchmarking est une méthode qui permet de comparer ses processus quantitativement et qualitativement avec ceux des meilleurs pour s'améliorer.

Pourquoi le benchmarking

Le benchmarking entre dans la stratégie de l'entreprise puisqu'il consiste à s'informer des pratiques courantes et se comparer avec les meilleurs du marché. Il est nécessaire de le pratiquer régulièrement pour être au faîte de sa position par rapport à la concurrence.

Quoi et comment

Le principe du benchmarking est de comparer deux processus. Un processus est l'ensemble de moyens et d'activités liés qui transforment des éléments entrants en éléments sortants en leur apportant une valeur ajoutée. Il existe deux types de benchmarking : interne, entre deux processus d'une même entreprise ou groupe; externe, concurrentiel, entre deux entreprises du même secteur ou non concurrentiel, lorsque les secteurs sont différents.

Le benchmarking est conduit par un pilote qui assure toutes les étapes de la méthode. Celle-ci suit un cycle PDCA :

• **Plan** : Analyse de processus et recherche d'amélioration.
   – Définir l'objet du benchmarking.
   – Déterminer le processus à analyser.
   – Constituer l'équipe de benchmarking.
   – Décrire le processus et son environnement.
   – Déterminer les indicateurs de mesure et mettre le processus sous contrôle.
   – Choisir les partenaires de benchmarking.
   – Rédiger un questionnaire et l'envoyer aux partenaires.
   – Rencontrer les partenaires et collecter les informations.
   – Analyser les informations et les écarts.
   – Présenter les résultats et élaborer un plan d'actions.

- **Do** : mettre en place les solutions retenues.
- **Check** : vérifier les résultats.
- **Act** : établir les règles de travail et donner une suite.

Bénéfices

Grâce au benchmarking, l'entreprise peut se positionner mais surtout intégrer et adapter chez elle les pratiques des meilleurs dans leur secteur. C'est la voie pour être «World Class».

ZOOM SUR...

à faire/à ne pas faire

À faire : respecter la loi, les règles de la propriété industrielle, les règles de la concurrence ; utiliser les informations recueillies à bon escient.
À ne pas faire : réaliser un benchmarking sans connaître la méthode, et seul ; visiter l'entreprise benchmarkée avant d'avoir analysé son propre processus ; poser les questions que l'on ne voudrait pas se voir poser.
Ne pas oublier : la base est la réciprocité.
On ne dit jamais tout.

Réaliser un benchmarking externe

Sujet

Se comparer aux meilleurs pour concevoir et mettre en place un Nouveau Système de Production.

Secteur

Biens d'équipement de la maison.

Situation de départ – Problèmes rencontrés

L'entreprise souhaite concevoir puis mettre en place un Nouveau Système de Production.

Choix stratégique

Organisation d'un parcours de benchmarking au Japon pour les membres du comité de direction. NB : ce parcours pourrait être suivi par des responsables d'unité de production dans le cadre d'une problématique de recherche de productivité.

Solutions mises en place

Organisation du benchmarking en deux étapes :

- Présentation d'un avant-projet proposant un parcours de visites incluant des entreprises qui ont donné leur accord pour accueillir la mission.
- Finalisation du programme de visite précis et animation par un consultant, expert en systèmes de production, d'un séminaire de préparation avant le départ.

Le consultant accompagne le groupe sur place et guide sa réflexion tout au long de la mission et au retour.

Résultats obtenus

Cette mission a permis de mettre en avant les points suivants, et les objectifs d'amélioration à atteindre.

	Europe	Japon	Écart
QUALITÉ % de défauts en fin de chaîne assemblage	1 %	0,2 %	5 fois meilleure
PRODUCTIVITÉ Nombre d'éléments produits/opérateurs	13	26	double
DÉLAIS De la commande à la livraison	20 jours	10 jours	Divisé par 2

La décision a été prise de mettre en place le Nouveau Système de Production sur leur site.

Perspectives futures

Mise en place d'ateliers de travail de gain de productivité dans le cadre du déploiement du Nouveau Système de Production.

LES ÉQUIPES TRANSVERSES

Les équipes transverses rassemblent divers acteurs de l'entreprise, dont des managers de proximité, dans le but de réfléchir à des problématiques communes et de trouver des solutions ensemble. La mission des équipes transverses est de se pencher sur les questions de fond concernant l'ensemble des métiers, de mesurer la performance de l'entreprise sous différents angles et de faire des propositions pour l'améliorer. *«Les équipes transverses sont des forces de proposition, l'exécution appartiendra aux directions opérationnelles*[1]*.»*

Les équipes transverses sont apparues suite à un triple constat :

- les difficultés proviennent plus généralement des interfaces de discussions que des cœurs de métiers ;
- le plus souvent le potentiel est à la frontière des compétences et des organisations ;
- l'intérêt de prendre du temps pour se poser des questions sur le fonctionnement global de l'entreprise.

Ainsi l'objectif de ces groupes transverses est de traquer les potentiels de l'entreprise et d'observer transversalement l'entreprise quant à ses performances.

Organisation d'une équipe transverse

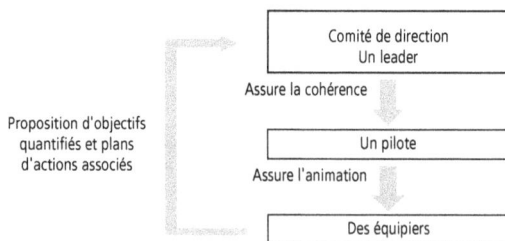

Proposition d'objectifs quantifiés et plans d'actions associés

Comité de direction
Un leader

Assure la cohérence

Un pilote

Assure l'animation

Des équipiers

Les acteurs

Les équipes transverses sont un outil de management, piloté normalement par le président. L'équipe rapporte directement au président et en compagnie du leader.

----

1. Carlos Ghosn.

Le *leader* parraine l'équipe. Généralement, il s'agit d'un membre du comité de direction. Il s'assure que l'équipe travaille en cohérence avec le sujet, facilite la collecte d'informations et «ouvre les portes» si besoin est.

L'équipe transverse est animée par un *pilote* sélectionné par le président et le leader. Le pilote s'occupe à 50 % de son temps de l'équipe transverse pour qui il est le garant de la qualité du travail et du respect du calendrier. Le pilote se charge de l'animation de l'équipe, composée d'une douzaine de coéquipiers qu'il a choisis. Il doit motiver et entraîner son équipe dans une dynamique de challenge, de créativité et d'ouverture d'esprit.

Les *coéquipiers* consacrent 30 % de leur temps de travail à la participation active à l'équipe transverse. Ils peuvent être directement concernés par le sujet, par exemple un commerçant sur un thème de la croissance des ventes; ou bien, être extérieurs et avoir ainsi un regard neuf sur le thème, par exemple un ingénieur de développement sur le thème de la croissance des ventes. Par définition, la diversité de l'équipe est indispensable pour compiler les points de vue, les expériences et apporter des réponses complètes.

Fonctionnement

Les équipes transverses sont libres d'organiser le déroulement du projet. Le principe est de *libérer les idées*, la créativité et de ne pas se limiter dans les propositions. Aucun sujet ne doit être tabou : il s'agit de présenter autant d'idées que de participants sur des thèmes très différents.

Le choix des thèmes dépend de la situation de l'entreprise et de l'ambition de son management. Ces thèmes doivent correspondre à une vision globale de l'entreprise, largement partagée par l'ensemble du personnel pour que chacun puisse s'y retrouver. Les équipes transverses ont pour rôle de proposer des solutions nouvelles, ambitieuses, efficaces, performantes. Néanmoins, c'est le management qui dispose et décide d'appliquer ou non ces propositions. À l'équipe de montrer que ses idées sont réalistes, innovantes et nécessaires.

Exemples de thèmes développés :

- performance des systèmes d'information;
- réduction des coûts;
- qualité du management;

- efficacité des services;
- efficacité du système de distribution;
- maîtrise de la complexité produit.

Il n'y a pas d'organisation type. En fonction du sujet choisi, des participants, de la phase dans laquelle se trouve l'équipe, le déroulement peut varier.

Le pilotage repose sur des éléments simples et classiques : *un objectif, une date.* Chaque équipe se concentre sur les livrables qui lui sont demandés et doit établir un planning de travail. Ce planning est un outil très important puisqu'il conditionne le bon avancement du projet. Le pilote n'ayant pas de rapport hiérarchique sur les membres de l'équipe, le planning joue le rôle fédérateur : il s'agit de bien respecter les dates définies à l'avance.

Les processus opérationnels de communication tels le partage de documents *via* une e-room, les flux d'informations grâce aux e-mails et les processus de décisions rapides sont essentiels pour faciliter le travail de l'équipe transverse.

Le *travail de l'équipe transverse* est de :

- procéder à un état des lieux sur le sujet qui lui a été confié;
- dresser un diagnostic sur la situation dans l'entreprise;
- réaliser des benchmarking et ainsi se renseigner sur ce qui se fait dans les autres entreprises du secteur et chez les plus performants;
- élaborer des préconisations;
- enfin, établir un plan d'actions à soumettre au comité de direction.

Tout au long du déroulement de la mission, le pilote présente l'avancée des travaux au président. Au moment de la mise en œuvre, il est important de garantir le respect de l'esprit initial.

Lien entre les équipes transverses

Il est nécessaire de garder une certaine cohérence entre les équipes transverses afin d'identifier soit les bonnes pratiques de travail qui peuvent être partagées par les équipes, soit les sujets concernant deux équipes. Par exemple, l'optimisation du processus budgétaire peut être repris par l'équipe travaillant sur l'efficacité des fonctions support, ou par l'équipe se focalisant sur la simplicité des processus. C'est pourquoi, une direction en charge d'animer les équipes transverses, directement rattachée au président de l'entreprise, est créée. Les pilotes auront un lieu d'échange pour les bonnes pratiques, les nouvelles idées et aussi de partage pour des pistes de progrès. Cette coordination permet également de recenser des problématiques spécifiques, les freins au déploiement, les investissements nécessaires, et l'implication de managers…, qui seront directement remontés au président. Celui-ci pourra prendre les mesures en conséquence.

Exemple de mission

Une grande entreprise de l'industrie a mis en place plusieurs équipes transverses chargées de travailler sur différents sujets. L'exemple retenu s'intitule *Simplicité et Vitesse*. L'équipe comporte treize personnes, issues de différents domaines. Le groupe doit *réfléchir sur une simplification des processus en interne*.

La méthode a débuté avec une série de benchmarking auprès des meilleures entreprises en termes de vitesse et d'efficacité. Puis l'équipe a réalisé des interviews de membres du comité de direction ; enfin une enquête a été effectuée sur un échantillon de collaborateurs. Les résultats de l'enquête ont montré une forte attente de la part des salariés concernant la simplification du mode de fonctionnement de l'entreprise : les réunions sont jugées trop nombreuses et le nombre d'e-mails reçus excessif. L'équipe transverse a alors travaillé sur ces thèmes et proposé des préconisations concrètes avec des modèles de déroulement de réunions et des standards d'e-mails. Dans un même temps, elle a lancé une campagne de sensibilisation et d'information auprès des collaborateurs.

La réduction du nombre d'e-mails, de la longueur des réunions ainsi que du nombre de déplacements pour assister à des réunions génère des gains tant au niveau temporel que financier. Les résultats montrent que la mise en place des nouvelles préconisations, comme des réunions téléphoniques ou des «e-conférences», permettant de partager des documents par Internet, a réduit les coûts de transport de 30 %. De même le nombre volume d'e-mails stockés a diminué de 15 %. Les salariés ont accepté facilement ces changements : ces préconisations facilitent leur travail.

Ci-après deux exemples de recommandations, l'un concernant l'efficacité des réunions et l'autre l'utilisation des e-mails :

ORGANISER UNE RÉUNION
Objectif : *Deux fois moins de temps passé en réunion*

Date :....
Objet :....
Attendus :....

Avant la réunion :	Pendant la réunion :
• S'assurer qu'une réunion est **nécessaire** pour traiter le sujet ; • Il s'agit d'une réunion de décision, d'information ou de créativité ; • Les attendus sont **clairement** identifiés ; • Avant une réunion dédiée à la décision, les éléments à débattre sont discutés par les participants ; • Les intervenants sont tous pertinents ; • Une audioconférence ou une e-conférence est prévue pour **limiter les déplacements ;** • Un temps est spécialement attribué pour le **débat ;** • Les présentations respectent un **format standard ;** • La salle est équipée pour cette réunion.	• Le format standard est respecté, par exemple **1 h maximum par sujet :** Préparation : 5 min Objectifs : 5 min Exposé : 20 min Débat : 20 min Conclusion : 5 min Relevé de décision : 5 min Transition : 5 min • Un responsable est nommé pour le **relevé de décision ;** • Un relevé de décision est rédigé pendant la séance.

DIFFUSION D'E-MAILS
Objectif : *Deux fois moins de mails*

Réduire le nombre de mails envoyés :	Réduire le nombre de mails reçus :
Envoyer des e-mails pour **agir** et non pour informer ; **Limiter** le nombre de personnes en copie ; Éviter de mettre le hiérarchique systématiquement.	**Réponse standard** pour ne plus recevoir de mails inutiles. Par exemple : « Je n'ai pas de valeur ajoutée dans l'exploitation de cet e-mail. Merci de ne plus me mettre en copie de ce type d'informations. »
Réduire le volume de mails stockés :	**Faciliter la lecture des mails :**
• Afficher la **taille** de chaque e-mail sur sa messagerie ; • Utiliser tous les outils à disposition pour l'**archivage** : sauvegarde, dossiers locaux Outlook, CD-rom… ; • Éliminer les gros messages.	• Indiquer un **titre explicite** en objet ; • Faire une synthèse en utilisant le schéma standard ; • Nommer un **responsable** pour chaque action ; • Limiter la taille du message à un écran ; • Rédiger la note dans le message et pas en pièce jointe ; • Privilégier les **liens Intranet** pour l'accès aux documents associés ; • Limiter le nombre de pièces jointes et préciser leur contenu et leur intérêt.

Partie 3

Être porteur d'un système : exemple d'application dans les nouveaux systèmes de production

Chapitre 7

Fondamentaux, cibles, principes et règles d'actions

Au sein d'un système, il y a toujours un ensemble de démarches et d'outils qui vont créer, par combinaison entre eux, des effets systèmes. Tous ensemble, ceux-ci vont avoir pour but de maximiser les gains en Qualité, Coûts et Délais.

Pour illustrer cette notion de système et la place du manager de proximité, je vais présenter les Nouveaux Systèmes de Production, NSP, utilisés en particulier dans l'industrie automobile. Ce système est l'aboutissement de démarches de Qualité Totale, de progrès permanent et de best practices. Il a pour objectif d'atteindre le meilleur niveau de *performance*.

Les NSP sont centrés sur le poste de travail. Le chef d'équipe, qui est aussi un manager de proximité, joue un rôle essentiel dans ce système. Il va s'appuyer sur diverses techniques et méthodes pour obtenir les meilleurs résultats en termes de Qualité, Coûts et Délais. Ces outils sont entre autres la standardisation au poste de travail, qui favorise le progrès par capitalisation des bonnes idées; le Kaizen, méthode d'amélioration progressive; les écoles de dextérité, indispensables dans la logique de standardisation. Ces outils vont servir par exemple à assurer la fiabilité des composants livrés, à optimiser le mode d'approvisionnement des lignes, ou encore à améliorer la conception même du poste de travail.

Le poste de travail constitue la base des NSP. Il se place au centre des quatre fonctions qui sont :

- la conception produits/process;
- l'approvisionnement des pièces, matières, composants et biens d'équipement;
- la logistique d'approvisionnement des pièces et d'expédition des produits;
- la fabrication.

Le poste de travail est au cœur du système

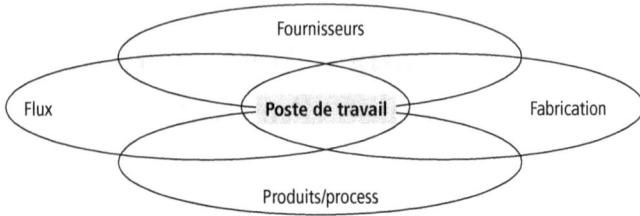

Au niveau de la fabrication, le poste de travail joue un rôle déterminant : d'une part en ce qui concerne la garantie en termes de Qualité, Coûts et Délais et d'autre part pour le progrès en continu du système de fabrication. Ces deux objectifs passent par l'amélioration permanente du poste de travail, qui est rendue possible grâce aux principes des NSP suivants :

- placer l'opérateur et le chef d'équipe au centre des démarches de progrès ;
- standardiser au meilleur niveau ;
- améliorer en continu en traquant les causes de non-performances ;
- capitaliser le savoir-faire afin d'inscrire le progrès dans la durée.

Les Nouveaux Systèmes de Production ont donc pour principes fondamentaux : le pilotage par la qualité et la Lean Production, ce que je vais aborder ci-après. Les objectifs à atteindre sont quadruples :

- assurer la qualité demandée par les clients internes et externes, grâce notamment aux écoles d'habilité technique et aux outils de Quality Control ;
- réduire le coût global, favorisé par la standardisation au poste de travail ;
- fabriquer les produits demandés au moment demandé, c'est la méthode du Juste À Temps (JAT) ;
- responsabiliser et respecter les hommes, en utilisant les méthodes de résolution de problèmes comme le Kaizen.

Les principes et les règles d'actions associés aux cibles des NSP peuvent être synthétisés dans le tableau ci-après.

Être porteur d'un système...

Fondamentaux	Cibles	Principes	Règles d'actions
Pilotage par la qualité Lean Production	Assurer à 100 % la qualité demandée par les clients internes et externes	Concevoir et fabriquer un produit sans défaut	• Assurer la robustesse • Respecter strictement l'opération standard • Concevoir et maintenir des moyens assurant la qualité
		Ne pas passer ni accepter de défauts	• Réaliser le plan de surveillance • Traiter les problèmes, effectuer des retouches • Ne pas accepter de défauts
	Réduire le coût global	Maximiser la performance main-d'œuvre	• Concevoir un produit/process minimisant le temps de fabrication • Maximiser la performance de l'engagement • Maîtriser les démarrages
		Minimiser les coûts matière	• Spécifier les allocations matière au juste nécessaire • Respecter et optimiser les allocations matière
		Rentabiliser les équipements	• Minimiser les coûts complets des équipements • Bien utiliser les équipements
	Fabriquer les produits demandés au moment demandé	Accroître notre réactivité à la demande du client	• Développer un outil industriel flexible • Réduire le temps d'écoulement • Lisser le mix et le volume
		Respecter le programme de fabrication	• Garantir la production journalière • Garantir les approvisionnements en qualité et quantité • Respecter strictement l'ordre de production
		Minimiser les stocks	• Réduire la taille des lots de fabrication • Minimiser les en-cours de fabrication et des stocks entre process
	Responsabiliser et respecter les hommes	Impliquer les hommes	• Déployer et mettre en œuvre les objectifs et plans d'actions • Mobiliser et valoriser chaque personne • Garantir la sécurité et améliorer l'ergonomie
		Travailler en partenariat	• Se mobiliser sur les objectifs communs de performance • Établir des relations gagnant-gagnant avec les fournisseurs
		Développer les compétences	• Former et entraîner les hommes • Organiser la polyvalence • Assurer des parcours professionnels cohérents
		Protéger l'environnement	• Réduire en continu les impacts sur l'environnement • S'intégrer dans la région

Les règles d'actions décrites ci-dessus sont mises en œuvre grâce à différents outils que nous allons détailler. Ils peuvent être regroupés en cinq groupes :

- le *management d'atelier*, dont la base est la standardisation au poste de travail, la formation des opérateurs *via* les écoles de dextérité et la démarche Kaizen ;

- le *management de la qualité*, qui s'appuie sur la démarche qualité au quotidien avec des outils qui permettent de traquer et d'éliminer la non-qualité comme le poka yoké ou les méthodes de résolution de problèmes ;

- le *management des moyens* est mis en œuvre par la démarche TPM (Total Productive Maintenance) et s'appuie sur des outils tels que la matrice des compétences ;

- le *management des flux* s'appuie quant à lui sur la démarche du Juste À Temps ;

- enfin le *management du progrès* se traduit par le déploiement des objectifs et des plans d'actions, qui est adapté pour chaque niveau de la hiérarchie.

Ces différentes étapes peuvent s'organiser selon le schéma suivant :

Exemple de schéma d'un Nouveau Système de Production

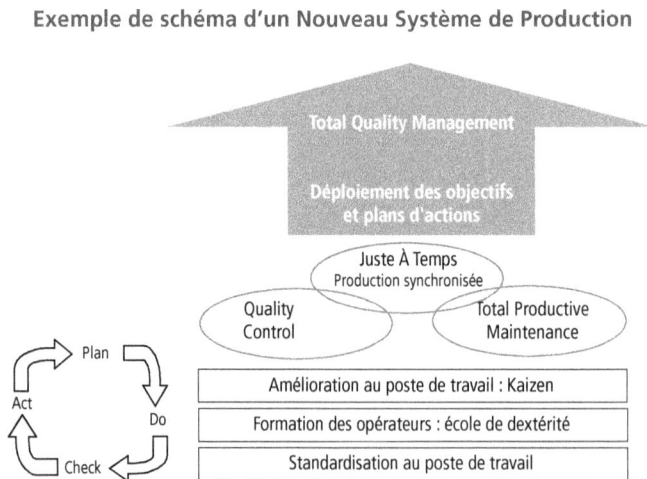

© Groupe Eyrolles

Ce schéma représente de façon synoptique les Nouveaux Systèmes de Production. Il traduit la nécessité de faire coexister ensemble différentes démarches de progrès, en l'occurrence la standardisation, le Kaizen, le Juste À Temps… La deuxième propriété des NSP visible sur ce schéma est une certaine logique de mise en œuvre : il faut en effet que la standardisation au poste de travail ait été déployée pour envisager la mise en place de méthodes d'amélioration telles que le Kaizen. Enfin, on remarque que les NSP agissent à tous les niveaux de la hiérarchie puisque le déploiement des objectifs et des plans d'actions se décline pour tous les degrés, de la stratégie à l'opérationnel. Il y a une véritable volonté de donner à tous les niveaux un objectif commun : *l'excellence au quotidien*.

Cependant ce schéma ne montre pas *l'effet système*, selon lequel «le tout est toujours plus que la somme des parties». La combinaison de tous ces outils, démarches et méthodes contribue à créer de la valeur. Chaque manager doit être le garant de l'application des NSP dans son secteur. Il est donc nécessaire qu'il maîtrise les différents outils, c'est-à-dire qu'il connaisse les méthodes, les objectifs et les résultats, mais également qu'il prenne en compte la dimension «système», et les synergies qui en découlent.

Les entreprises appliquant de façon ambitieuse les outils et méthodes des Nouveaux Systèmes de Production se caractérisent par des performances le plus souvent exceptionnelles avec d'ailleurs des machines souvent moins modernes.

Les **+**

1. Une qualité 5 à 10 fois meilleure.
2. Une productivité 2 fois meilleure.
3. Des délais 2 fois plus courts.
4. Dans des surfaces 2 fois inférieures.

Chapitre 8

Le management d'atelier

LA STANDARDISATION

Standardiser : le mot n'a pas bonne presse en ce début de XXIe siècle. Il fait référence et rappelle le taylorisme et le fordisme mis en place aux États-Unis dans les années 30. Le principe, développé par Frederick Taylor, était de diviser chaque activité en de microtâches répétitives et de rétribuer les ouvriers au rendement. Cette méthode a rencontré un fort succès dans l'industrie sidérurgique notamment. L'industrie automobile, avec le fordisme, a repris les bases du taylorisme. Un bon exemple du taylorisme est le film de Charlie Chaplin *Les Temps modernes* qui décrit de manière réaliste et suggestive le travail à l'usine dans les années 30. Ce terme a été galvaudé par une utilisation abusive et surtout par l'image d'une méthode de travail désuète, une opération abrutissante, et une hiérarchie écrasante.

Les Nouveaux Systèmes de Production prônent, quant à eux, une nouvelle vision de la standardisation, reposant sur une méthode venant du «bas» et non plus du «haut». C'est une démarche «bottom up». En effet, contrairement au taylorisme pour lequel la direction instituait la façon de faire, les NSP prônent la collaboration entre les opérateurs et le manager. Ensemble, ils établissent le mode opératoire le mieux adapté, le plus performant, à un moment donné. Ce standard n'étant pas figé, à tout moment, sur les indications de l'opérateur, le manager de proximité peut rédiger ou corriger la fiche standard.

La standardisation fait partie du pilier management au quotidien des Nouveaux Systèmes de Production. Le standard, en matière de production, concerne l'ensemble des activités de fabrication répétitives. Il s'applique aux opérations cycliques ou non cycliques, par exemple les opérations de montage comme le changement d'outils; aux opérations logistiques; ou encore de contrôle.

Standardiser, c'est décrire et appliquer la meilleure façon de faire, à ce moment-là, au niveau qualité, sécurité, ergonomie, économie, délai, capitalisation des progrès. La particularité des NSP est que le standard a été établi conjointement par le chef d'équipe et un opérateur. À partir des indications de l'ingénieur, ils rédigent un *standard*. L'ingénieur informe de ce qu'il faut faire et comment le faire, car il y a mille et une façons de faire.

Le standard formalise très précisément le mode opératoire à respecter, en détaillant point par point les gestes de l'opérateur. Cette feuille précise aussi les points clés à respecter pour la réussite de l'opération et assurer une qualité optimum. Une fois le standard terminé et validé, chaque opérateur concerné doit observer à la lettre la façon de faire. Le standard sert également à la formation des nouveaux opérateurs affectés à cette tâche. *Le standard n'est pas figé* : il évolue pour être amélioré.

Ci-contre un exemple de standard «analyse». Il présente l'opération «ferrage de la porte arrière gauche». Il précise l'équipement nécessaire, les outils et les pièces utilisés. En haut de la feuille, sur la partie droite, un cadre est réservé aux modifications apportées. Ensuite, le processus est détaillé opération par opération avec une description, le temps de réalisation à la seconde près, à quelle étape principale appartient ce processus, le point clé de l'opération et des dessins ou explications nécessaires. Enfin, un cadre est réservé à l'explication des éventuelles anomalies et des problèmes que l'opérateur pourrait rencontrer.

Exemple de standard «analyse»

Standard (ANALYSE)

Nom du process : Ferrage Porte Arrière Gauche Fluir ?

Nom de l'opération : Fluir ?

Équipement de sécurité / vêtements : gants Kevlor, lunettes, bouchons, Voile, pantalon, chaussure

Outils utilisés : 2 visseuses pneumatiques suivant fm Module Gr. pour tôle

Pièces utilisées (réf.) : Ecrous - Colonnette pilote - Porte

Temps total des étapes : 7.8

Page : 1/4

N°	Analyse de l'opération	Temps	Étape principale	Point clé
1	Lire la version attendue au poste de travail. Porte standard 2.	0.23	1 – Prendre la pièce dans l'emballage.	1 – Porte standard 2 ou main libre 1
2	Prendre de la main gauche l'aide opérateur par la poignée de déverrouillage et la main droite sur le montant droit. Se déplacer vers le TM selon la version attendue en appuyant sur le bouton de déplacement gauche et droit.			2 – Les guides gauche et droit en appui sur le panneau de porte supérieur et simultanément le pied gauche en appui sur l'aide opérateur.
3	Prendre la porte dans le TM en poussant l'aide opérateur, la main gauche maintenue sur la poignée de déverrouillage, les guides gauche et droite en appui sur le panneau de porte supérieur et simultanément le pied gauche en appui sur l'aide opérateur.			3 – Jusqu'au dégagement complet des sabots.
4	Ressortir la porte en soulevant l'aide opérateur, la poignée gauche de déverrouillage maintenue jusqu'au dégagement complet des sabots et tirer vers soi en reculant et en s'orientant à gauche vers la caisse.			
5	Mettre en appui avec la main gauche les charniers supérieurs et inférieurs sur les butées de l'aide opérateur.	0.17	2 – Positionner la porte sur la caisse.	

Ce qu'il est interdit et pourquoi (Explication des possibles problèmes ou défauts) :

– Le stockage des pièces au sol
– Pas de feutre indélébile pour le repérage des défauts.
– Laisser une porte en attente sur l'aide opérateur en fin d'équipe du soir, risque de chute en cas de coupure

Comment traiter les anomalies :

– Signaler les «gnons» par un repérage au feutre
– Attention aux erreurs dans les TM, repérer les conformités.

Date de modification :

Validé par : AQF IP, Chef d'Atelier, Chef Équi A, Équi B, Équi C, UET, Équi A

Raison du point clé. Dessin explicatif. Règles opératoires et autres.

1 – Pour assurer la conformité de la version attendue ø

2 – Pour éviter la chute de la porte et les gnons.

guides de l'aide opérateur en appui sur le bord sup

bord supérieur du panneau

Zone d'appui pour le pied

3 – pour éviter les gnons sur les bas de porte

Mauvais

bon

Sabot

Il existe cinq types de standards :

- le *standard «analyse»* détermine les étapes principales et analyse en détail les séquences des opérations ;

- le *standard «procédure»* détaille moins que le standard «analyse» puisqu'il s'en tient à la décomposition de l'étape principale ;

- le *standard «engagement opérateur»* regroupe l'ensemble des opérations assignées à un opérateur en fonction du temps de cycle d'engagement ;

- le *standard «homme/machine»* permet de combiner efficacement le travail de l'homme et de la machine. Il sert à standardiser les deux éléments ensemble ;

- le *standard «synoptique»* précise la bonne conduite à tenir quand il y a des opérations avec réflexions, questionnements...

Cette fiche reprend les mêmes parties que la précédente : les étapes principales avec le détail des points clés, le temps imparti, les déplacements de l'opérateur et les dates de modification du standard. Elle précise aussi le temps du cycle de production et le nombre de jours de formation pour pouvoir tenir le poste de travail.

Exemple de standard d'«engagement opérateur» : opération de «serti hayon»

Standard (ENGAGEMENT OPÉRATEUR) — SERTI HAYON

Délai d'apprentissage : 5 jours — Temps de cycle de production : 105 cmn

Mois N°	Nom du processus / Étape principale	Point clé	Temps par modèle
1	Appliquer le cordon côté charnière à la porte de coffre	1. maintenir sur la partie guide 2. passer à vitesse constante 3. se garder le retour de la buse en contournant le bord du hayon.	TT
2	Appliquer le cordon du côté choisi de la porte de coffre	1. en insistant sur le guide 2. bras à côté à vitesse constante	17
3	Appliquer le cordon côté gauche de la porte de coffre	1. aver à revoir à vitesse constante 2. dégager le poignée	12
4	Appliquer le cordon côté fermeture de la porte de coffre	1. dans à insister à vitesse constante 2. changer le surplus au bord in place	9
5	Coller les jonctions de cordon de la porte de coffre	1. essuyer le surplus sur le bord 2. essuyer le surplus au bord inférieur	1.5
6	Contrôler visuellement le collage	1. pas de surplus au bord 2. essuyer le surplus par le joint	8
	Temps total des opérations associées		8
	Temps objectif total		81

Symboles : Opération ▼ / △ — Contrôle ◇ — Stock ● — sécurité ✚

Déplacement : 2 pas = 1 cmn

Bénéfices

L'application rigoureuse du standard permet d'assurer :

- la sécurité de l'opérateur ;

- le meilleur niveau de qualité, dès la première opération, sans recourir aux contrôles et retouches ;
- un mode opératoire simple, ergonomique et économique ;
- les délais, soit la livraison en temps voulu.

Formation

La principale fonction du standard est de permettre au chef d'unité, ou chef d'équipe, de servir de support de formation. Cet apprentissage, que suit chaque opérateur susceptible de tenir le poste, est composé de deux phases :

- la première phase est *la formation à la dextérité* ;
- la seconde phase consiste à *former l'opérateur directement sur le poste de travail*, en trois étapes : « je fais », « nous faisons », « tu fais ».

Par ailleurs, si le poste est difficile, avant d'être formé sur le poste en place, l'opérateur peut s'exercer sur une maquette d'entraînement.

Lors de la première étape, le chef d'unité réalise la manœuvre avec l'opérateur en prenant soin de détailler les moments délicats de l'opération, et ce à l'aide du standard. Ensuite, l'opérateur exécute à son tour l'opération avec l'aide de son chef d'équipe. Il doit indiquer les principales étapes et les points clés. Le troisième essai est pris en charge par l'opérateur, seul, qui doit parvenir au résultat exact dans le temps imparti ; un opérateur expérimenté vérifie l'opération.

Pour chaque poste donné, *le niveau des opérateurs est déterminé*. Il existe trois niveaux en fonction du degré de maîtrise de l'opération par l'opérateur : du niveau 1 où l'opérateur a besoin d'aide ponctuellement au niveau 3, où l'opérateur est capable d'enseigner le mode opératoire.

D'autres documents existent comme la fiche présentée ci-dessous. Elle permet à chaque chef d'équipe de savoir quel est le parcours professionnel de chaque opérateur, en récapitulant les différentes formations qu'il a suivies.

Exemple de tableau de suivi individuel de progression des compétences

tableau de suivi individuel de progression des compétences			Dépt.	Matricule	Nom	Date de naissance	Date d'embauche	Niveau	Date de promotion	licence	Date de certification
			Montage								
			Opération- Formation et entrainement		Détachements, rotations, etc		Formation			Licence, Qualifications, autres	
Dépt	Atelier	UET	Date	Progression des compétences	Dates	Détachements, rotations, etc	Date	Formation	Data	Dénomination	
Vo/uge			80/04/93	P₁ monteur	6/5/94	Peinture	20.03.93	TPM. 5S			
							6.07.93	Environement			
//	//	//	03/04/96	P₁CS monteur			14.09-03	Dexterité N₃	18/08/04	Cariste	
							1-10-03	ISO 9001			

Cependant, le nombre d'opérations connues par ouvrier doit être limité pour garantir une réalisation parfaite. De même, chaque poste doit pouvoir être tenu par plusieurs opérateurs pour faciliter le remplacement en cas d'absence. Néanmoins, ce nombre doit être limité car trop de polyvalence ne garantit plus le zéro défaut.

Rôle du chef d'équipe

Le *chef d'équipe* joue un rôle primordial dans le processus de standardisation :

- il est chargé du dialogue avec ses opérateurs ;
- il doit être capable de faire le travail de chacun des opérateurs de son unité ;
- il contribue à la rédaction du standard ;
- il enseigne le mode opératoire ;
- il s'assure du respect de son application.

Sur le long terme, le chef d'équipe participe à l'amélioration du standard en appliquant des méthodes de progrès continu, comme le Kaizen.

Objectif : qualité

L'un des objectifs premiers de la standardisation au poste de travail est d'assurer la maîtrise de la qualité. Le standard permet cette garantie dans le sens où l'uniformisation des gestes et des méthodes évite la création de non-qualité. Il est donc nécessaire de surveiller et de contrôler le standard régulièrement, si possible quotidiennement. C'est un des rôles du chef d'équipe. Pour cela il se sert d'un tableau de contrôle, comme présenté ci-dessous. Le manager est chargé d'indiquer sur cette feuille les différents éléments de contrôle pour une opération donnée. Il doit ensuite assurer un relevé des contrôles quotidien. Par ailleurs, chaque élément de contrôle est coté en fonction du degré de criticité : de C, «défaut que le client verra mais tolérera» à A +, «défaut pour lequel la sécurité est engagée».

Exemple de tableau de contrôle

Tableau de contrôle

Département	Chef d'atelier	Chef d'UET
Montage		

Modèle	B 84	Proces-sus		N°	Date	Modifications	Approbation
				A	04/04	Initialisation.	

N° de réf. pièce

Désignation pièce

N°	Verrou Qualité (élément de contrôle)	Cotation de criticité	Observation des opérations	Contrôle des relevés des opérateurs	Contrôle de l'état des produits	Relevés des contrôles du chef d'UET	Remarques
A	Câblage principal coupé au niveau du siège AV gauche	V A+				L M M J V	
	a) Vérifier câblage à fond dans l'agrafe P110			2 /équi			RAS
	b) Vérifier MEP du podium P120			3 /équi			Formation 3 étapes
	c) Vérifier MEP du câblage P100			3 /équi			RAS
A+ A B C	d) Vérifier le mode opératoire du checkman			2 /équi	2 /équi		Modif standard

Vérification par le chef d'UET

Cotation de criticité :
V1 + Défaut pour lequel la sécurité est engagée ou Défaut pouvant entraîner une panne
V1 Défaut qui entraîne une plainte client avec demande de réparation
V2 Défaut pour lequel le client exprimera son insatisfaction lors d'une enquête clientèle
V3 Défaut que le client détectera mais tolérera

Si un incident qualité apparaît dans la réalisation de l'opération, le standard aide à trouver l'origine du problème dans la mesure où sa source se situe dans le mode opératoire. S'il n'existe pas un standard commun, la détection des anomalies n'en est que retardée. De plus, le standard stipulant les points clés, si un défaut se présente, le chef d'unité doit vérifier que ces points clés ont bien été, premièrement, compris par l'opérateur, deuxièmement, respectés, troisièmement, qu'ils soient assez fiables.

Efficacité du système en résultats chiffrés

Différentes études ont été menées dans les usines de constructeurs automobiles suite à la mise en place de la standardisation telle qu'elle est décrite ci-dessus. Les résultats montrent qu'entre 60 et 80 % des défauts imputables à la fabrication sont éliminés si la standardisation est appliquée. Les résultats constatés chez les fournisseurs qui ont intégré la standardisation confirment les chiffres : autour de 50 % de rebut en moins, et 10 à 20 % de volume en plus.

Par ailleurs, une étude réalisée auprès de chefs d'équipe sur l'impact de la standardisation dans leur travail au quotidien a révélé que 92 % d'entre eux estiment que leur *«relation a changé avec les opérateurs depuis la mise en place des NSP»* et 90 % considèrent que les opérateurs sont plus impliqués qu'auparavant. Ces chiffres montrent bien que la mise en place des NSP a des répercussions favorables sur les conditions de travail, qu'elle a rapproché les chefs de leur équipe et qu'elle a bien été accueillie. Les différents outils des NSP présentés dans les paragraphes suivants témoignent du rôle du chef d'équipe et en quoi ces outils ont changé les relations de travail.

fiche n° 5

La standardisation au poste de travail

Définition générale

La standardisation est le fait de ramener à une norme, à un standard; de simplifier.

Pourquoi la standardisation

Certaines entreprises industrielles ont voulu développer la standardisation au poste de travail en partant du principe que le poste de travail est la base du système de production. *L'objectif* est d'uniformiser et d'optimiser les modes opératoires d'une opération donnée pour gagner en efficacité et en qualité.

Quoi et comment

La standardisation au poste de travail consiste à *formaliser* les différentes tâches à réaliser pour une opération donnée. À partir des indications de l'ingénierie, rédigées par les ingénieurs et qui détaillent précisément les différentes étapes d'un processus, chaque responsable d'équipe doit réaliser avec les opérateurs le *standard*, sous forme de fiche. Il est chargé ensuite de l'enseigner aux opérateurs amenés à travailler sur ce poste.

Cette fiche doit décrire le *meilleur mode opératoire* pour l'opération donnée. La fiche devient alors le *standard*, la référence, que devra appliquer chacun des ouvriers. Ce standard est commun, et tous se doivent de le respecter. Cependant il n'est pas définitif, il peut et même se doit d'évoluer et d'*être amélioré*.

Bénéfices

Gagner en *efficacité*, *régularité*, *qualité* et donc *délai*.

Améliorer la *sécurité* puisque chacun des opérateurs connaît le processus le plus sûr.

ZOOM SUR...

le standard

Son élaboration repose sur l'observation des mouvements de l'opérateur, sur l'essai dans la pratique. L'analyse de l'observation permet de déceler les mouvements inefficaces ou irrationnels et en quoi ils le sont. Le standard définit alors très précisément les gestes du mode opératoire comme : l'ordre de l'assemblage, les déplacements, la manière de porter, de transporter, de disposer les pièces dans une machine... Le standard permet aussi d'indiquer les «astuces» et les indications à respecter en matière de sécurité.

LES ÉCOLES DE DEXTÉRITÉ

Les écoles de dextérité font partie intégrante du pilier «management au quotidien» des Nouveaux Systèmes de Production. Elles interviennent dans la partie formation, au sein des écoles d'habileté technique ou écoles de progrès.

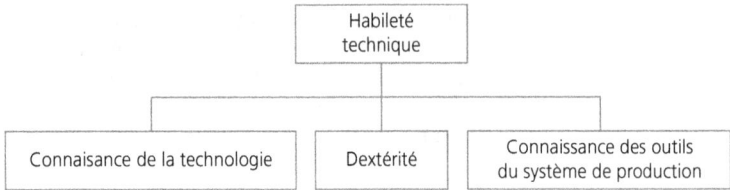

Les écoles de dextérité ont été créées pour permettre aux opérateurs de maîtriser parfaitement les gestes de base. L'opérateur apprend à réaliser l'opération en toute sécurité, avec les règles qualité et dans un temps limité. L'école consiste à faire répéter à l'opérateur les mêmes gestes plusieurs fois en situation concrète, sur des pupitres de formation. Par exemple, pour une opération de vissage, l'opérateur peut prendre d'abord la vis, puis le tournevis. L'école de dextérité lui apprendra à prendre les deux outils en même temps, l'objectif étant l'efficacité.

Exemple de rivetage

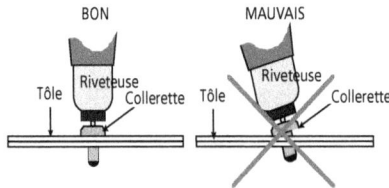

La mise en place de ces écoles de dextérité nécessite de trouver des locaux, de préférence bien en évidence dans l'usine. Il faut un espace séparé, vitré, avec des bancs de simulation. Ces salles transcrivent la politique RH et qualité, elles doivent donc donner une bonne image de l'entreprise vis-à-vis de ses employés.

Figure 44. Exemple d'une salle d'école de dextérité chez Nissan

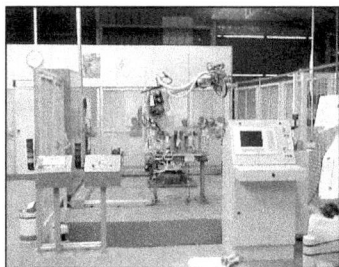

Niveau 4 Très avancé	Connaissance des outils
Niveau 3 Avancé	du système
Niveau 2 Confirmé	Technologie
Niveau 1 Débutant	Habilité et dextérité

Tableau de composition de l'habilité technique
en fonction du niveau de l'opérateur

Dans les écoles de dextérité, les compétences des opérateurs sont régulièrement évaluées, souvent annuellement. Ce contrôle permet au manager de proximité de vérifier le niveau de dextérité des opérateurs de son équipe et ainsi d'assurer un suivi.

Il existe quatre niveaux : débutant, confirmé, avancé et très avancé. Plus le niveau est élevé, plus l'opérateur a une bonne connaissance des outils du système alors que l'habilité et la dextérité tiennent une place moins importante. Le passage de niveau se fait dans le cadre d'une évaluation formelle des connaissances pratiques, de la dextérité, ainsi que des connaissances théoriques, sur la technologie et les outils de progrès.

Bénéfices

Les écoles de dextérité permettent :

- la maîtrise des gestes de base par les opérateurs ;
- l'assurance que les gestes de sécurité sont connus et assimilés ;
- le respect du temps imparti pour l'opération.

Rôle du chef d'équipe

Il est préférable que les formateurs de ces écoles soient les chefs d'atelier ou chefs d'unité. Lorsque les cours sont assurés par un responsable hiérarchique immédiat, cela renforce la notion de proximité entre le manager et son équipe et permet de restaurer le respect de la hiérarchie basé sur la reconnaissance.

Le chef d'équipe doit assurer un suivi des compétences de ses opérateurs et si nécessaire proposer des formations.

Exemple d'une école d'habileté technique installée au centre de l'usine

Exemple d'une école de dextérité de montage

Exemple d'une école de dextérité en peinture

L'habileté technique (école d'assemblage)

Aptitude à la dextérité, au respect du standard et à l'amélioration :
- travail main gauche/main droite ;
- le regard guide le geste ;
- se servir simultanément des 2 mains.

L'habileté technique (école de logistique)

L'habileté technique (école de logistique)

Les écoles de dextérité

Définition générale

La dextérité se définit comme l'agilité et la qualité des gestes à maîtriser pour un travail donné.

Pourquoi des écoles de dextérité

Les écoles de dextérité ont pour but d'*améliorer la qualité* du travail des opérateurs et de *renforcer la sécurité* sur le poste de travail. Ces écoles sont un prérequis à la logique de standardisation au poste de travail.

Quoi et comment

Dans ces écoles, les opérateurs sont formés aux *gestes de base* de leur spécialité : masticage, vissage, soudage, connectique, finition peinture… Ils sont confrontés à des bancs de *simulation* équipés d'*exercices standard, représentatifs* des gestes les plus courants. Les opérateurs apprennent à les réaliser le plus habilement possible, dans le respect du temps et des règles de sécurité. Les exercices sont identiques pour tous les opérateurs d'un même métier, quel que soit leur poste.

À l'issue de la formation, un niveau (de 1 à 4) est donné aux opérateurs, ce qui conditionne les postes sur lesquels ils pourront travailler. C'est la base de la formation pour l'opérateur en termes de sécurité et de qualité.

Bénéfices

Gagner en *efficacité*, renforcer la *sécurité*, améliorer les *performances* des opérateurs.

ZOOM SUR...

les écoles d'habileté technique

Ces écoles s'articulent autour de trois apprentissages ;
la technologie, la dextérité et les outils :
• La *technologie* regroupe les connaissances de base de la
technologie du produit et du processus de fabrication
mais aussi l'importance des bons gestes pour la sécurité.
• La *dextérité* consiste à réaliser correctement les bons
gestes dans un souci de qualité et de sécurité.
• Les *outils*. Il s'agit d'acquérir les connaissances élé-
mentaires des outils nécessaires au système de
production : ensemble de savoirs et de savoir-faire
(savoir lire un standard, savoir faire une
suggestion, savoir participer à une
résolution de problèmes...).

MÉTHODE DE PROGRÈS CONTINU : LE KAIZEN

Le *Kaizen*, terme japonais pouvant être traduit par *amélioration*, est une méthode de progrès continu. Par opposition à l'innovation, qui est une progression par rupture, le Kaizen permet une progression permanente. Le progrès par la rupture sous-entend des changements importants comme la réorganisation d'une unité de travail, la mise en place d'une nouvelle technologie, d'une nouvelle machine... Ces progrès relèvent plus de l'ingénierie que de la production. Le Kaizen ou progrès permanent consiste à apporter des améliorations *au quotidien* et ce, sans financement lourd. Le principe du Kaizen est de s'appuyer sur l'observation sur le terrain, pour apporter des améliorations concrètes et immédiates.

Ces deux modes de progression ne sont pas contradictoires, au contraire, ils peuvent se compléter et ainsi la progression est plus efficace :

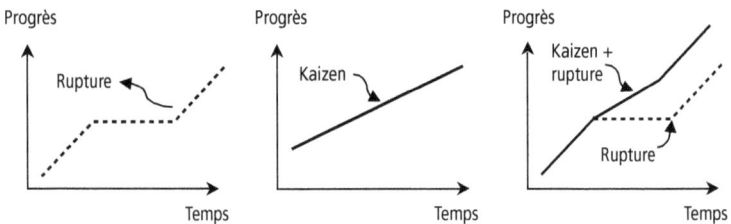

Concernant les Nouveaux Systèmes de Production, le Kaizen représente un *outil d'amélioration de la performance*. Il permet d'apporter des progrès réguliers au niveau de la sécurité, de l'ergonomie, de l'environnement, des flux, des déplacements et aussi en termes de Qualité, Coûts et Délais.

L'objectif du Kaizen est d'assurer la performance en productivité non pas en demandant toujours plus à l'opérateur mais en cherchant ensemble – l'opérateur et le manager de proximité – comment améliorer le poste de travail en rendant l'organisation plus efficace.

Démarche

Des chantiers d'analyse en groupe sont organisés par les managers afin d'identifier dans les modes opératoires, tous les gaspillages : les gestes inutiles, les temps d'attente trop longs, c'est-à-dire les opérations sans valeur ajoutée. À l'issue des chantiers Kaizen, le manager instaure un nouvel aménagement du poste de travail.

Concrètement, pour chaque amélioration, il s'agit de définir :
- la situation actuelle ;
- l'objectif de progrès à atteindre ;
- les actions à conduire pour atteindre cet objectif.

En ergonomie, le Kaizen vise à supprimer ou améliorer toutes les anomalies constatées sur le poste de travail. Au travers des chantiers Kaizen, les mauvaises postures, les déplacements inutiles et les efforts pénibles, sources de danger, sont traqués.

Le périmètre d'intervention du Kaizen doit être bien défini et le chantier doit s'y tenir. L'analyse s'appuie sur un travail de groupe avec les opérateurs et des fonctions support en rapport avec le sujet : ergonomes, ingénieurs, logisticiens… Ce travail est mené par le manager de proximité, le chef d'unité ou le chef d'équipe.

Une des caractéristiques du Kaizen est de trouver des améliorations pouvant être appliquées le plus rapidement possible, d'ici la fin du chantier au mieux. Par exemple, un chantier Kaizen a permis de réduire les déplacements des opérateurs sur une opération donnée : le nombre de pas est passé de 22 à 15, un gain sur le temps d'exécution est réalisé.

Les opérateurs se retrouvent autour de leur chef d'équipe ; ils réfléchissent ensemble pour savoir comment améliorer les conditions de travail, comment optimiser leur temps de travail ou comment résoudre un problème rencontré la veille.

Exemple de chantier Kaizen mené en petite équipe en 2 ou 3 heures

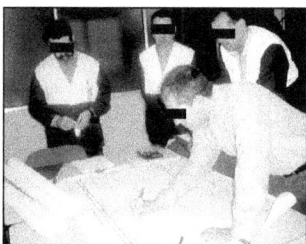

Les opérateurs se retrouvent autour de leur chef d'équipe et réfléchissent ensemble comment améliorer les conditions de travail, comment optimiser leur temps de travail ou comment résoudre un problème rencontré la veille.

Bénéfices du Kaizen

À l'issue d'un chantier Kaizen, les postes de travail concernés appliquent les modifications qui ont été décidées. Parallèlement, les standards doivent être mis à jour. Cette étape est essentielle afin de figer la nouvelle façon de faire et d'éviter tout retour en arrière.

Par ailleurs, un chantier Kaizen peut apporter des corrections concernant l'acheminement des pièces. Il s'agit alors de redéterminer les flux et les approvisionnements. Le chantier Kaizen aura amélioré les temps d'écoulement soit en supprimant des périodes inutiles, soit en améliorant la qualité produite et donc en évitant les écarts de flux.

Enfin, le Kaizen a un effet positif sur la réduction des causes de dysfonctionnements. Les chantiers menés sur des lignes de production permettent l'amélioration du rendement opérationnel.

Rôle du chef d'équipe

Le chef d'unité joue plusieurs rôles très importants dans la mise en œuvre de la démarche Kaizen. Premièrement, il doit organiser les séances de Kaizen et prévoir un planning annuel des activités. Ensuite, il est chargé d'animer les chantiers et d'atteindre les objectifs fixés pour chacun. Au-dessus de lui, le chef d'atelier est chargé, d'une part, de la mise en place des chantiers en construisant le déploiement annuel en relation avec les objectifs de productivité, d'autre part, de veiller au bon déroulement de ces chantiers : respecter les dates, s'assurer que les ressources soient disponibles, capitaliser les actions.

La méthode Kaizen

Définition générale

Le Kaizen, qui signifie «amélioration» en japonais, est une méthode de *progrès continu* par opposition au *progrès par rupture* (innovation).

Pourquoi le Kaizen

Le Kaizen se présente comme un outil d'amélioration de la performance et intervient dans le cadre du management de la qualité.

Quoi et comment

Le Kaizen consiste à apporter des améliorations au quotidien qui ne nécessitent pas de lourds financements, contrairement à la mise en place d'innovations. Pour cela, il s'agit de chercher des solutions ensemble – le chef d'équipe, ses opérateurs et des spécialistes – lors de *chantiers d'analyse*.

Le but de ces chantiers est de *traquer tous les gaspillages* : en temps, en déplacements. Premièrement, ils définissent la situation actuelle, deuxièmement, l'objectif de progrès à réaliser et troisièmement, les actions à conduire pour l'atteindre. Ainsi, le Kaizen élimine les mauvaises postures, les déplacements inutiles ou les efforts pénibles.

Ces améliorations doivent être facilement et rapidement mises en place. Un exemple : la réorganisation en U des machines d'un atelier peut réduire le nombre d'opérateurs nécessaires dans cet atelier et dégager des surfaces disponibles.

Bénéfices

Améliorer le poste de travail, les temps d'écoulement, en réduisant les temps inutiles et les causes de dysfonctionnements.

Augmenter le rendement opérationnel.

ZOOM SUR...

le rôle du manager de proximité dans la démarche Kaizen

Son rôle est primordial puisqu'il a la charge d'organiser les chantiers Kaizen. Il prévoit ces chantiers selon un planning annuel à respecter, environ trois fois par an. Des chantiers de plus courte durée, quelques heures, sont prévus environ une fois par mois. Ensuite, il doit animer ces chantiers avec la participation des opérateurs et de spécialistes en relation avec le sujet du chantier : ingénieurs, ergonomes, logisticiens… Il est important pour le manager de bien prendre en compte les différents avis des opérateurs. Cette méthode leur permet de se faire entendre et de faire en sorte que leurs suggestions ne soient pas seulement entendues mais également appliquées.

La méthode rouge-vert

Définition générale

Le «rouge-vert» est la méthode pour appliquer le Kaizen au poste de travail. Elle consiste à observer l'opérateur sur son poste et à détecter toutes les opérations sans valeur ajoutée dans le but de les diminuer, voire de les éliminer.

Pourquoi le Kaizen

La méthode «rouge-vert» est utilisée pour *l'amélioration de la performance en productivité.*

Quoi et comment

Cette méthode consiste à classer chaque opération en «vert» ou «rouge», selon qu'elle apporte une valeur ajoutée au produit ou non. Le but est d'identifier le rouge et le vert pour optimiser le vert et réduire, voire éliminer, le rouge.

*Les actions à valeur ajout*ée sont celles attendues par le client qui achète le produit, c'est-à-dire celles qui créent de la valeur en transformant le produit dans un temps imparti : vissage, collage, découpe…

Au contraire, celles qui n'en apportent pas sont *toutes les autres sans exception*, c'est-à-dire celles nécessaires mais qui pourraient être améliorées : transport, déplacement de l'opérateur… Mais aussi les actions inévitables comme les pannes, les réglages, les erreurs…, que le client ne paie pas.

Un chantier «rouge-vert» rassemble un ou plusieurs opérateurs et des managers. La logique de travail s'inscrit dans un cycle PDCA (Plan, Do, Check, Act) :

* **Plan** : fixer l'objectif, observer l'existant, classer les opérations en «rouge» ou «vert», proposer des actions pour réduire le «rouge»;
* **Do** : mettre en œuvre les actions;
* **Check** : mesurer et stabiliser;
* **Act** : ajuster et corriger, standardiser et généraliser.

Le rôle du manager est de planifier et de piloter les chantiers «rouge-vert». Il implique les opérateurs dans la démarche et doit tout mettre en œuvre pour atteindre les objectifs d'amélioration.

Bénéfices

Améliorer le poste de travail, les temps d'écoulement, en réduisant les temps inutiles, causes de dysfonctionnements. *Amélioration de la productivité.*

ZOOM SUR...

les principes d'amélioration

Les quatre principes d'économie du mouvement
sont les plus appliqués. Il s'agit de réduire le nombre de
mouvements de l'opérateur, d'exécuter les mouvements
en même temps, de raccourcir les distances de mouvements
et de rendre les mouvements plus faciles.
Dans tous les cas, il faut privilégier des solutions
simples, peu coûteuses et rapides
à mettre en œuvre.

LES « 5S », OUTIL DE BASE

Les « 5S » sont une méthodologie qui permet de créer et de maintenir un environnement de travail propre pour plus d'efficacité, de développer l'autonomie et la responsabilisation des personnes et de soutenir un respect des règles de travail.

Les « 5S » représentent les cinq initiales de mots japonais : Seiri, Seiton, Seiso, Seiketsu, Shitsuke, qui signifient respectivement : *Débarras, Rangement, Nettoyage, Ordre, Rigueur*. Chacune des étapes est à réaliser l'une après l'autre.

Démarche

La mise en place des « 5S » consiste à organiser un chantier « 5S », suite à des audits « 5S » qui auront révélé des points à améliorer concernant l'ordre et le rangement des postes de travail. Le chef d'atelier a la charge de ce chantier.

Les cinq points à développer successivement sont les suivants :

- *Débarras* : cette étape consiste à jeter toutes les choses inutiles qui se sont accumulées sur le plan de travail, ce qui permet de faire un tri entre les objets utiles et ceux qui ne le sont pas.
- *Rangement* : le principe est que chaque objet utile a une place et une seule. Le rangement doit être clair et visuel ; les objets utilisés quotidiennement doivent être à portée de main, les autres rangés astucieusement sur des étagères ou suspendus au mur, par exemple.
- *Nettoyage* : il s'agit de maintenir un espace de travail propre. Le nettoyage est aussi l'occasion de faire le point sur l'état des machines et de mettre en évidence les éventuelles anomalies.
- *Ordre* : le but est de maintenir le niveau de propreté et de rangement du lieu de travail. Plusieurs actions doivent être menées. Le management visuel consiste à : visualiser clairement les différentes zones de l'atelier en plaçant des marquages au sol ; identifier les machines grâce à des panneaux ; favoriser la pose de carters transparents (en plexiglas) sur les machines pour faciliter l'inspection. L'objectif est de rendre visibles les règles de travail.
- *Rigueur* : cette dernière étape vise la pérennisation de la démarche. Les opérateurs doivent respecter les règles de propreté et de range-

ment. De leur motivation dépend l'efficacité des «5S». Dans cette étape, on inclut les différents chantiers d'audits «5S» qui font état régulièrement de ce qu'il en est dans l'atelier.

Cette démarche responsabilise les opérateurs et les rend plus autonomes car ils sont chargés de faire eux-mêmes des propositions d'amélioration sur ces sujets.

Bénéfices

La démarche 5S est simple et efficace, de nombreux apports en découlent :

- un environnement propre et clair, plus propice au travail ;
- plus de facilité à détecter les anomalies éventuelles sur les machines ;
- l'élimination des gaspillages ;
- plus de responsabilisation et d'initiative de la part des opérateurs.

Rôle du management

La direction doit s'assurer du plan d'actions déployé pour la bonne mise en place des 5S. Il convient à la direction de s'investir dans la démarche en participant aux chantiers et en montrant l'exemple. Le chef d'atelier, également, tout comme le chef d'équipe doit appliquer la méthode à son lieu de travail. Le chef d'atelier est le garant de la démarche. Il organise les chantiers, veille à ce que «l'esprit 5S» soit respecté dans l'atelier et planifie les audits 5S, qui font état de l'atelier à un instant T. Il s'assure que le nettoyage est correctement effectué, que les réflexions sur l'amélioration des conditions de travail se poursuivent et que tous les postes de travail sont concernés par les 5S. Le chef d'équipe, enfin, rédige les gammes de nettoyage (c'est-à-dire les procédés), les enseigne aux opérateurs et doit vérifier que ces règles sont bien appliquées régulièrement. Il a aussi le devoir de détecter la moindre anomalie, le plus rapidement possible et d'en découvrir la cause.

Exemples de progrès apportés suite à des chantiers «5S»

AVANT	APRÈS

Rangement

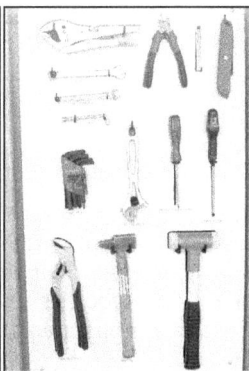

Nettoyage

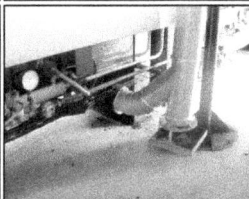

Ordre : mise en place d'un marquage au sol

La méthode des «5S»

Définition générale

Les «5S» sont une méthode japonaise. Ils correspondent à cinq mots japonais qui signifient : «Débarras, Rangement, Nettoyage, Ordre, Rigueur.» Ils se caractérisent par leur pragmatisme et leur simplicité. Cette démarche concerne *tous* les acteurs de l'usine ou d'une entité de service, de la direction aux opérateurs.

Pourquoi le Kaizen

Les «5S» sont la base des NSP. Cette méthode a pour but d'organiser et d'ordonner le lieu de travail pour plus d'efficacité.

Quoi et comment

Les cinq étapes doivent être mises en œuvre dans l'ordre :
- *Débarras* : il s'agit de jeter tous les objets inutiles qui encombrent le poste de travail.
- *Rangement* : le principe est simple «chaque chose a sa place attribuée et une seule» et ce dans un souci logique. Il s'agit de ranger les objets au bon endroit pour les retrouver facilement.
- *Nettoyage :* l'opérateur se doit de tenir propre son espace de travail mais aussi d'inspecter les machines et de détecter les espaces difficiles d'accès.
- *Ordre* : le but est de maintenir le niveau de propreté et de rangement grâce à des outils appropriés; procédure de nettoyage, management visuel (couleur des tuyaux, façades vitrées...).
- *Rigueur :* c'est la qualité qui va garantir la pérennité de la démarche 5S. Tous les acteurs doivent respecter les règles de propreté, de rangement et d'ordre.

Bénéfices

Les bénéfices sont multiples. Les «5S» contribuent à diminuer sensiblement les arrêts et les pannes des équipements par une meilleure appropriation de l'outil industriel par les opérateurs et par une meilleure réactivité face aux problèmes. Ils accroissent également la sécurité des postes de travail.

Les «5S» ont un rôle déterminant dans le management puisqu'ils *responsabilisent* et professionnalisent les opérateurs à leur poste.

ZOOM SUR...

avant/après les chantiers «5S»

Exemple en nettoyage

AVANT

APRÈS

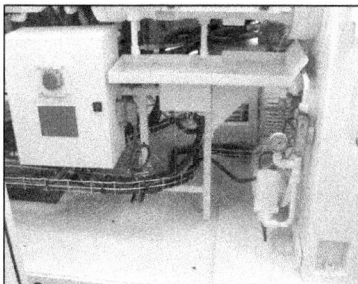

Chapitre 9

Le management de la qualité

Pour assurer la Qualité Totale au client, la production se doit de respecter à la lettre les indications données par l'ingénierie. La standardisation joue là un rôle primordial puisqu'elle garantit l'exécution réussie du premier coup. Elle est complétée par la mise en place du standard de surveillance. Le management de la qualité intervient à ce moment-là pour assurer la surveillance de la qualité au quotidien et traiter les incidents de manière réactive et efficace. Le manager de proximité devient alors le garant et l'animateur de la qualité.

Pour cela le Quality Control (QC) s'appuie sur différents outils : une animation qualité grâce à la méthode d'amélioration rapide quotidienne ; la résolution d'incidents avec la Méthode de Résolution de Problèmes ; l'analyse des risques qualité avec la Matrice QA (Quality Assurance) et la mise en place de verrous garantissant la bonne marche du processus, grâce au poka yoké (que nous verrons dans ce chapitre). L'ensemble de ces outils figure dans le *plan de surveillance*.

QUICK RESPONSE QUALITY CONTROL (QRQC) : ANIMATION QUALITÉ AU QUOTIDIEN

Cette méthode correspond à la dynamique de déploiement et d'animation de la qualité dans les usines. Elle agit en cascade sur tous les niveaux hiérarchiques, du comité de direction usine à l'atelier, en passant par le département.

Démarche

L'animation qualité doit être quotidienne pour être efficace. À tous les niveaux de l'usine, le manager a le rôle d'organiser une réunion afin de débattre et de trouver des solutions sur les problèmes qualité survenus la veille et identifiés par différents points de contrôle. Cette analyse est faite en groupe avec des participants des différents secteurs de l'usine et dans une durée limitée.

Une réunion type (voir photo ci-dessus) se déroule de la manière suivante :

- présentation des défauts survenus la veille;
- choix du problème à résoudre;
- analyse du problème;
- validation des contre-mesures, désignation des responsables, délai à respecter;
- analyse de la suite à donner aux problèmes antérieurs.

Il s'agit de réponse «rapide» car le client doit trouver satisfaction dans les 24 heures. Cette animation vise trois objectifs :

- l'amélioration de la qualité en faisant participer le bon niveau hiérarchique aux problèmes rencontrés;
- le partage des problèmes et des solutions entre les acteurs;
- le développement de la réactivité dans le traitement des problèmes.

Rôle du chef d'équipe

Son rôle dans la démarche du QRQC est d'animer les réunions journalières, de faire valoir le rôle de chacun dans le processus et de proposer des solutions en accord avec tous les acteurs présents.

Courbe d'évolution de la capacité de résolution de problèmes

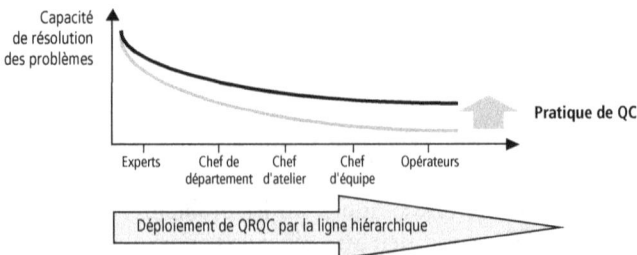

LA MRP : MÉTHODE DE RÉSOLUTION DE PROBLÈMES

La MRP est au cœur de l'approche «système de production» puisque pour s'améliorer, il faut avant tout détecter les difficultés et les problèmes.

Un problème est détecté en production lorsqu'il existe *«un écart prévu ou constaté entre une situation réelle et une situation souhaitée»*. La Méthode de Résolution de Problèmes correspond à un *outil standard de progrès*, commun à toutes les disciplines du système.

Démarche

Le progrès continu, le progrès au quotidien, selon la MRP, comprend trois étapes :

- identifier les problèmes ;
- les formuler ;
- les résoudre.

La stratégie consiste à observer, comprendre, agir. Cette méthode s'appuie sur le PDCA, évoqué précédemment.

Cycle de conduite d'une amélioration

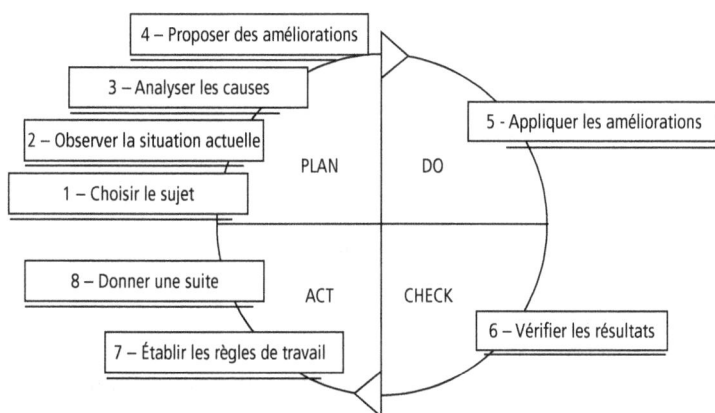

Onze outils traditionnels sont utilisés pour franchir les étapes de la MRP. Ils ont été élaborés dans le but de mettre à disposition des opérateurs et des chefs d'équipe des outils statistiques. L'intention était de vulgariser ces outils auprès des personnes les plus à même de résoudre les problèmes au quotidien. Ainsi les statistiques ne restaient pas la propriété des ingénieurs. Par exemple, le diagramme de Pareto est directement issu des statistiques descriptives. Ces outils sont réservés au domaine opérationnel, nécessitent des données chiffrées stables et sont utilisés pour des problèmes facilement caractérisables par un indicateur et un objectif d'amélioration associé.

Dans les années 70, sept nouveaux outils sont apparus, cette fois, à destination des dirigeants et réservés à la résolution de problèmes liés au domaine stratégique ou organisationnel. Au contraire des outils traditionnels, ceux-ci s'adressent à des problèmes qui ont peu de données chiffrées disponibles, qui sont difficilement caractérisables par des données et dont l'objectif d'amélioration est mal défini.

Outils traditionnels	Nouveaux outils
Brainstorming	Diagramme des affinités
Matrice de décision	Diagramme des relations
Représentations graphiques	Diagramme en arbre
Histogramme	Diagramme matriciel
Diagramme de Pareto	Diagramme en flèches
Feuille de relevés de données	Diagramme de décisions
QQOQCP	Analyse factorielle
Carte de contrôle	
Diagramme causes/effets	
Diagramme de corrélation	
Diagramme de Gantt	

Selon la phase du PDCA, les opérateurs ou les dirigeants choisiront les uns ou les autres des outils. Par exemple, pour l'étape 4 : «proposer des améliorations», les opérationnels peuvent utiliser le brainstorming et la matrice de décision; les dirigeants, le diagramme en arbre, le diagramme matriciel, le diagramme en flèches et le diagramme de décisions.

Les outils

Utilisations des outils traditionnels

LES ÉTAPES / Les « 11 » outils traditionnels	Brainstorming	Histogramme	Représentations graphiques	Matrice de décision	Feuille de relevés de données	Diagramme de Pareto	QQOQCP	Carte de contrôle	Diagramme causes/effets	Diagramme de corrélation	Diagramme de Gantt
1. Choisir le sujet	●	●	●	●	●	●	●				
2. Observer la situation actuelle		●	●	●	●			●	●		
3. Analyser les causes	●		●	●	●	●			●	●	●
4. Proposer des améliorations	●										
5. Appliquer les améliorations				●				●			●
6. Vérifier les résultats		●	●			●		●			
7. Établir les règles de travail							●				
8. Donner une suite							●				

Utilisations des nouveaux outils

LES ÉTAPES / Les 7 nouveaux outils	Diagramme matriciel	Diagramme des affinités	Analyse factorielle	Diagramme des relations	Diagramme en arbre	Diagramme de décisions	Diagramme en flèches
1. Choisir le sujet	●						
2. Observer la situation actuelle		●	●				
3. Analyser les causes			●				
4. Proposer des améliorations	●				●	●	●
5. Appliquer les améliorations							
6. Vérifier les résultats		●					
7. Établir les règles de travail						●	
8. Donner une suite							●

Déroulement de la MRP avec les nouveaux outils

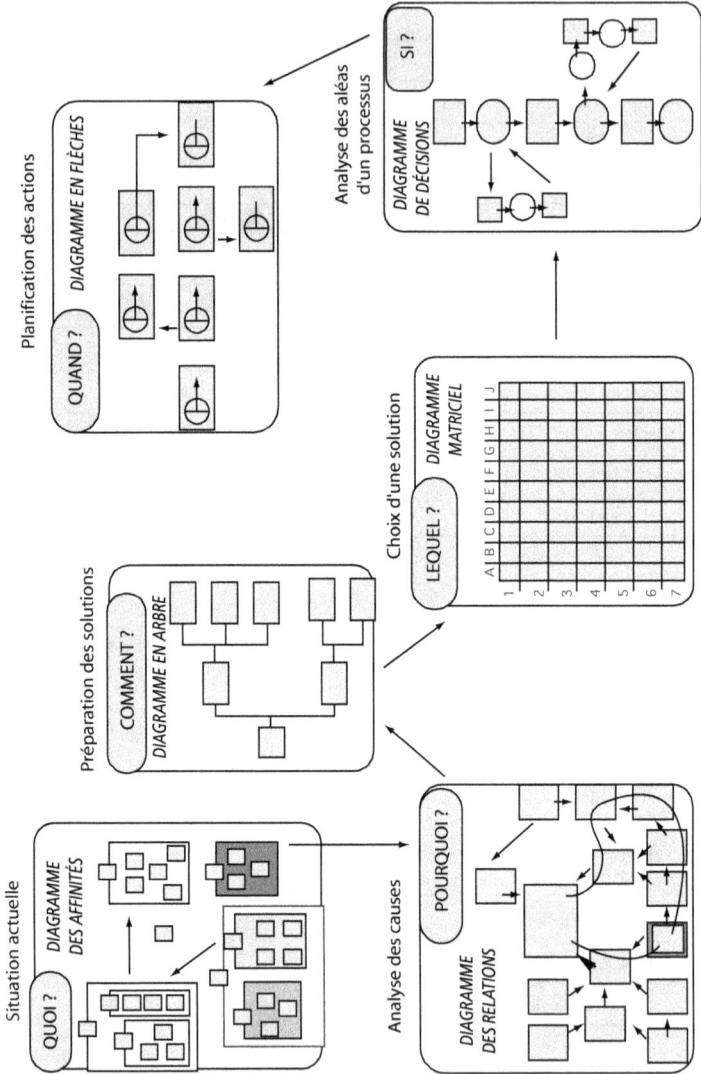

Rôle du chef d'équipe

Concernant la MRP, le manager joue un rôle de centralisateur, d'animateur et de «surveillant». En effet, il doit montrer l'exemple en appliquant régulièrement la MRP pour résoudre des problèmes et développer sa pratique dans son secteur en impliquant les opérateurs à la démarche.

La Méthode de Résolution de Problèmes – MRP

Définition générale

La MRP est un outil qui permet la résolution d'un problème, quel que soit le domaine auquel il appartient. On parle d'un outil commun à l'ensemble des disciplines du système.

Pourquoi la MRP

Cette méthode intervient dans le cadre du management de la qualité et s'intègre parfaitement au concept de système de production. Pour améliorer la qualité de ce système, il est nécessaire de détecter et traiter les problèmes et les difficultés rencontrés au quotidien. C'est ce que permet la MRP.

Quoi et comment

La MRP se définit comme une méthode de progrès quotidien qui se résume en trois phases : identifier, formuler, résoudre les problèmes.

Cette méthode s'appuie sur la démarche PDCA et comporte huit étapes :

- Choisir le sujet
- Observer la situation actuelle
- Analyser les causes ⎫ Plan
- Proposer des améliorations ⎭
- Appliquer les améliorations — Do
- Vérifier les résultats — Check
- Établir les règles de travail ⎫ Act
- Donner une suite ⎭

Le manager est chargé de mener la MRP avec ses opérateurs. Pour cela, il utilise différents outils statistiques, choisis en fonction des étapes. La direction, elle aussi, utilise la MRP pour résoudre des problèmes d'ordre stratégique et managérial.

Bénéfices

Améliorer le système de production, trouver efficacement des solutions aux problèmes rencontrés dans les usines ou en stratégie.

ZOOM SUR...

les outils statistiques

Quelques outils statistiques sont rapidement représentés ci-dessus. Plusieurs ouvrages les détaillent. Néanmoins, on peut évoquer deux d'entre eux :
- l'arbre des causes, ou Ichikawa, qui consiste à répertorier les différentes causes d'un problème selon cinq types (5M) : Main-d'œuvre, Milieu, Matière, Méthode, Moyens. Ainsi on peut remonter aux causes originelles ;
  - le diagramme de Pareto, ou 80/20, montre que 20 % des causes produisent généralement 80 % des effets. Il s'agit d'un histogramme qui regroupe, de la droite vers la gauche, les causes de la plus à la moins importante et une courbe indiquant leur impact. En qualité, souvent 20 % des causes représentent 80 % des défauts.

Une application dérivée pour les fournisseurs : La méthode «8D»

Définition générale

La méthode «8D» ou 8 «Do» (actions) est une Méthode de Résolution de Problèmes employée par le fournisseur à la demande de son client.

Pourquoi le «8D»

Cette méthode est utilisée pour protéger le client à court et long terme lorsqu'un document d'alerte a été émis suite à un incident.

Quoi et comment

La méthode s'appuie sur le support «8D» qui assiste l'équipe. Il s'agit d'un document qui synthétise les différentes décisions prises à chaque étape. Le «8D» consiste à effectuer une première analyse du dysfonctionnement en 48 heures, puis une analyse approfondie avec développement de plan d'actions sous cinq jours et enfin une vérification de l'efficacité du plan d'actions dans le mois suivant.

Le «8D» se déroule en huit étapes :

- Détails du problème.
- Autres produits similaires concernés : quelles pièces ont le même risque potentiel de non-conformité ?
- Première analyse : rechercher le point où la non-conformité n'a pas été détectée.
- Plans d'actions immédiats : mettre en œuvre un plan provisoire et vérifier son efficacité.
- Analyse finale : recherche des causes.
- Plans d'actions définitifs : actions d'élimination définitive du problème rencontré.
- Confirmation des plans d'actions définitifs : joindre des preuves.
- Actions de suivi et capitalisation.

La méthode «8D» et ses huit étapes

8D – DYSFONCTIONNEMENT ET ACTIONS CORRECTIVES

1 – Quoi ?

2 – Autres quoi ?

3 – Où ? & Quand ?

4 – Combien ?

5 – Pourquoi ?

6 – Comment agir ?

7 – Vérifier l'efficacité

8 – Suivre et capitaliser

Bénéfices

Trouver efficacement des solutions aux différents problèmes rencontrés dans les usines des fournisseurs.

ZOOM SUR...

le 8D

Le support peut être différent selon la problématique qualité produit ou logistique.
- les + : méthode structurée qui oriente la réflexion.
- les – : rester superficiel avec un support prérempli.
Ne pas oublier : veiller à l'analyse pour une résolution pertinente.

© Groupe Eyrolles

AUTRES OUTILS DE MANAGEMENT DE LA QUALITÉ

La Matrice d'Assurance Qualité (MQA)

La Matrice QA est l'outil qualité qui permet de *mesurer et d'améliorer la qualité des processus de fabrication*. Cette matrice est réalisée suite à une analyse rigoureuse et détaillée qui consiste à, premièrement, envisager l'ensemble des défaillances possibles sur un processus ; deuxièmement, vérifier les verrous mis en place et les moyens de contrôle présents pour éviter ces défaillances.

La matrice sert d'outil d'amélioration de la qualité en révélant les faiblesses du processus et les lacunes en matière de contrôle.

Démarche

La matrice est affichée à proximité de la ligne de production à laquelle elle est associée. Elle est gérée par le chef d'équipe ou le chef d'atelier. L'animation de la Matrice QA, au cours des réunions de QRQC, conduit à la définition de plans d'actions et la mise en œuvre de systèmes anti-erreurs. Concrètement, la Matrice QA répertorie les défauts susceptibles d'apparaître et les processus de contrôle mis en place pour éviter de telles anomalies. Si un défaut non répertorié par la matrice apparaît, l'incident doit être traité dans le cadre de l'animation qualité quotidienne, lors des réunions QRQC et la matrice doit être mise à jour.

Utilisation

La matrice est un tableau qui présente en ligne les différentes anomalies susceptibles d'intervenir sur une tâche donnée, et en colonne les postes de travail associés à la tâche. Pour chaque ligne, un chiffre peut être présent dans une ou plusieurs colonnes, en fonction des contrôles mis en place. Par exemple, pour la tâche «montage d'une ceinture de sécurité», le défaut «ceinture détériorée» a été répertorié lors d'une réunion qualité. Cette anomalie pourrait provenir de certains postes. Par conséquent, ces postes-là sont soumis à un contrôle.

Les contrôles peuvent être de trois types :

- Il y a un *contrôle systématique* à ce poste.

- Il y a un poka yoké d'alerte, c'est-à-dire que si une anomalie survient, il y a un *système d'alerte*, comme le déclenchement d'une alarme ou l'arrêt de la machine.

- Il y a un *contrôle fréquentiel*, c'est-à-dire que la tâche réalisée à ce poste n'est contrôlée que périodiquement, toutes les 100 opérations, par exemple.

Certains postes n'ont pas de contrôle pour l'anomalie en question car ils ne pourraient pas provoquer l'erreur. Par ailleurs, les anomalies sont classées en *trois catégories* en fonction de l'impact sur le client : gênant, très gênant, grave. En conséquence, on applique aux défauts «graves», un contrôle de niveau 1.

Il est important de placer un maximum de contrôles de niveau 1 en début de chaîne pour pouvoir détecter plus rapidement les anomalies.

Rôle du chef d'équipe

Il est chargé de veiller au respect de la Matrice QA, de vérifier que les contrôles sont bien appliqués et que lors de changements ou d'améliorations, ceux-ci sont bien intégrés par les opérateurs de l'atelier.

Exemple de Matrice QA

MATRICE QA (GARANTIE QUALITE)

COTATION DES MOYENS DE CONTRÔLE QUALITE — TYPES DE CONTRÔLES

COTATION		
1	5 POINTS	* Contrôle 100% automatique * Impossibilité d'assemblage ou d'usinage postérieur * Poka Yoke d'interdiction / de contrôle
2	3 POINTS	* POKA YOKE d'alerte * Contrôle fréquentiel (Mesures) (Méca) * Contrôle 100 % manuel dans la ligne (Méca) * Contrôle 100% humain avec repérage (UDM)
3	1 POINT	* Contrôle fréquentiel (UDM) * Contrôle 100% humain sans repérage (UDM) * Audit périodique (Méca) * Contrôle 100% humain avec ou sans repérage (Méca)

INITIALISATION

DATE

VISAS
Resp.
Qualité Dpt
Chef Atelier
CUE I
Chef
Chef éq B

Niveau global de garantie qualité
Unité
USINE :
M à J du N

IMPORTANCE DES DEFAUTS — IMPACT CLIENT

DEGRE		Valeur
A	Grave	5
B	Très gênant	3
C	Gênant	1

VEHICULE/ORGANE/PIECE
Unité
Atelier

N° du poste	Désignation process (F OP)	Modes de défaillance	Paramètres influents	Importance	Antécédent	Risque (IR PVD)	Unité	Hors Unité	Valeur de garantie	Défauts enregistrés	Niveau garantie Qualité	Commentaires

Processus de contrôle

Niveau garantie Qualité : usine / unité / poste / client / Hors unité / unité / usine / Hors unité / unité

Le poka yoké

Le système de poka yoké ou «anti-erreurs» en japonais, est l'outil qualité qui permet d'éviter les erreurs humaines. Dans la production en grande série, les opérateurs effectuent des gestes simples, répétitifs, la monotonie peut s'installer et une erreur peut rapidement survenir. Le poka yoké a pour objectif d'éviter ces erreurs humaines en créant des *verrous*.

Le poka yoké entre dans le cadre des démarches de protection du client de défauts éventuels, tout comme la Matrice QA, présentée ci-dessus.

Il existe trois types de poka yoké :

1. *Alerte* : consiste à mettre en place des systèmes d'alerte dès lors qu'une anomalie survient, par exemple une sonnerie retentit lors d'un défaut de production.

Exemple :

Lors du montage des disques de freinage, ceux-ci peuvent être placés à l'envers. Afin de garantir la conformité de l'opération, un petit anneau rouge a été fixé sur la tige où se place le disque. Celui-ci, s'il est bien en place, laisse apparaître l'anneau rouge.

2. *Contrôle* : le défaut est détecté et stoppe la production, par exemple un système de gabarits garantit la conformité de la pièce.

Exemple :

Avant

❑ La pièce est abîmée par le dérapage du tournevis

Après

❑ Le tournevis ne dérape plus ➝ pièce intacte

3. *Interdiction* : le défaut est stoppé avant d'être créé, par exemple un système de piges rend impossible le montage d'un outil à l'envers sur la machine.

Exemple :

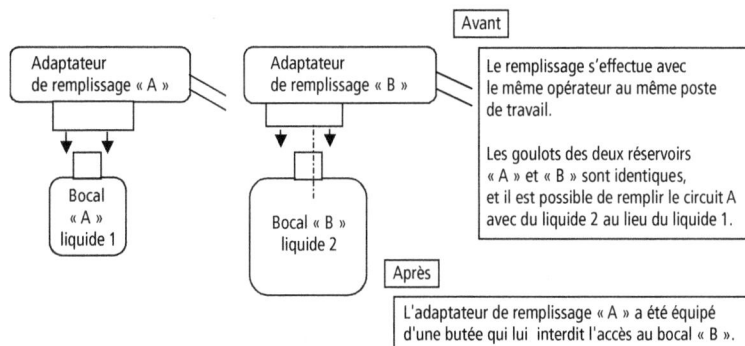

Le poka yoké agit comme un verrou immédiat contre les éventuelles anomalies puisqu'il permet de ne pas faire passer des défauts graves et, le cas échéant, de stopper la production. Ainsi on évite les dommages irréparables.

Parallèlement à la mise en place de solutions poka yoké, il est nécessaire de mener un QRQC pour déterminer les causes des anomalies et faire en sorte qu'elles soient résolues en association avec l'ingénierie.

L'AMDEC : Analyse des Modes de Défaillance, de leurs Effets et de leurs Criticités

Définition générale

L'AMDEC s'inscrit dans la recherche de la Qualité Totale. Un risque est un problème potentiel. Il provient de la non-qualité ou d'un besoin non satisfait. L'objet de l'AMDEC, méthode d'analyse préventive de risques, est de recenser les défaillances potentielles d'un système, de les évaluer et de les corriger.

Pourquoi l'AMDEC

Atteindre les objectifs en termes de Qualité, Coûts, Délais par la maîtrise préventive des processus.

Comment

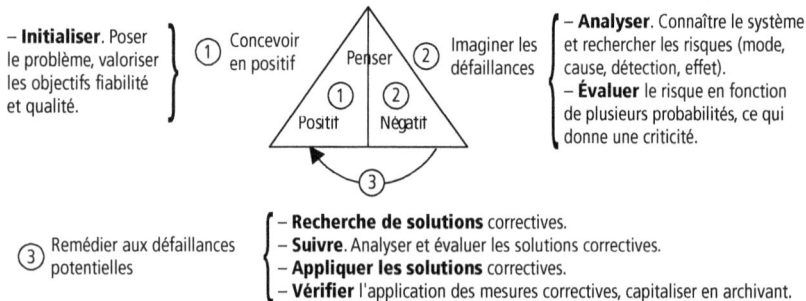

– **Initialiser**. Poser le problème, valoriser les objectifs fiabilité et qualité.

① Concevoir en positif

Penser

② Imaginer les défaillances

① Positif ② Négatif

③

– **Analyser**. Connaître le système et rechercher les risques (mode, cause, détection, effet).
– **Évaluer** le risque en fonction de plusieurs probabilités, ce qui donne une criticité.

③ Remédier aux défaillances potentielles

– **Recherche de solutions** correctives.
– **Suivre**. Analyser et évaluer les solutions correctives.
– **Appliquer les solutions** correctives.
– **Vérifier** l'application des mesures correctives, capitaliser en archivant.

Exemple :

① Lors de la préparation d'une randonnée, ② il s'agit de se projeter dans l'avenir pour détecter les risques potentiels : blessures, insolation, maux de tête. Il convient d'évaluer ces risques et la manière dont ils pourraient apparaître. Ici, par exemple, on a plus de chance d'attraper un coup de soleil ou de se tordre la cheville que d'attraper des gerçures. ③ Ensuite, il s'agit de trouver les solutions correctrices ou préventives. En l'occurrence, on emporte une trousse à pharmacie avec des pansements, antiseptiques et l'on achète des chaussures de marche… Prendre ces précautions fait diminuer le niveau de criticité.

Bénéfices

Outil de management des risques. *Réduction des coûts de non-qualité* en traitant les problèmes à la source (moins de rebut, moins de retours fournisseur, moins de retours garantie…).

ZOOM SUR…
les différents AMDEC

- L'*AMDEC Produit* s'attache aux étapes de conception du produit. On doit s'assurer que la solution technologique correspond au cahier des charges fonctionnel et aux contraintes industrielles.
- L'*AMDEC Processus* s'attache aux différentes opérations de production pour s'assurer que le processus industriel permettra de fabriquer en série un produit conforme aux exigences du plan.
- L'*AMDEC Moyen* s'attache à l'outil de production, machine, robot… analysé lors de sa conception pour s'assurer qu'il répondra aux contraintes de sécurité, et à la conformité du produit déterminée dans le cahier des charges.
- L'*AMDEC Flux* s'attache aux flux physiques du produit, à son conditionnement et aux flux d'informations au travers du fonctionnement et de l'exploitation d'une installation.

RAPPEL : LES RÉFÉRENTIELS

On ne peut parler du management de la qualité sans évoquer les référentiels et normes européennes.

Être garant des référentiels

Le manager de proximité s'inscrit dans le schéma de la certification. Celle-ci étant révisée annuellement, il doit être le garant de la continuité. Les référentiels apparaissent comme des systèmes complémentaires : on peut être performant même sans certification : elles ne sont pas une fin en soi mais une reconnaissance vis-à-vis de l'extérieur, une preuve de la mise en application des normes et des procédures conformément à des références reconnues.

Présentation des modèles EFQM et ISO

Le *modèle d'excellence EFQM*, European Foundation of Quality Management, a été créé en 1988 par quatorze entreprises européennes leaders dans leur secteur. L'objectif de cette structure était de mettre en place un système de référentiel de qualité tendant vers l'excellence. Le modèle d'excellence de l'EFQM s'adresse à tout type d'organisation, entreprises comme associations. Il repose sur plusieurs concepts, chacun dans un domaine. Concernant les clients, l'excellence «consiste à créer une valeur durable pour les clients», l'excellence en termes d'orientation des résultats consiste à «atteindre les résultats qui satisfont toutes les parties prenantes de l'organisation». L'EFQM propose un outil de diagnostic et d'évaluation. Il permet de confronter les perceptions des managers d'une même organisation.

Le modèle d'excellence EFQM est basé sur un concept consistant à évaluer la qualité selon neuf critères clés :

- le leadership ;
- la gestion du personnel ;
- la politique et la stratégie ;
- les partenariats et les ressources ;
- les processus ;
- la satisfaction du personnel ;

- la satisfaction du client ;
- l'intégration à la collectivité ;
- les résultats opérationnels.

Ces critères sont pondérés et répartis en deux catégories : facteurs et résultats afin de pouvoir quantifier le niveau de qualité atteint et de se positionner par rapport aux autres entreprises. Pour chaque domaine, une grille de questions est à remplir en évaluant le critère selon une échelle. On obtient un score qui révèle les points faibles – et donc à améliorer – de l'organisation.

Le modèle d'excellence EFQM

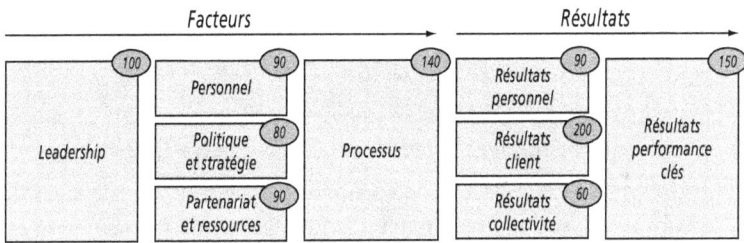

Le deuxième référentiel qualité est les *normes ISO* (Organisation internationale de Normalisation) : ISO 9000, ISO 9001, ISO 14000… Ces normes sont attribuées par l'Afnor, l'Association française de la Normalisation. Les premières normes en termes de qualité ont été introduites en 1987 par le comité technique 176. La finalité de ces normes est de :

- contribuer à l'harmonisation des organisations au niveau international pour faciliter les échanges commerciaux ;

- donner des points de référence aux clients sur le niveau d'organisation d'une entreprise ou organisme, quel que soit son domaine d'activité.

La norme ISO 9000 détermine les principes essentiels, les définitions et le vocabulaire. La norme ISO 9001 détermine les exigences relatives à un système de management qualité (SMQ) : c'est en référence à ces exigences qu'une entreprise ou tout organisme soumet son système qualité et son organisation à la certification.

Pour obtenir cette certification, l'organisation doit respecter un certain nombre d'exigences sur ses différents processus.

Pourquoi le manager entreprend-il les démarches pour obtenir une accréditation ?

Plusieurs raisons peuvent inciter un manager de proximité à faire les démarches pour que son service soit certifié selon des normes ou référentiels :

- Le manager de proximité doit mettre en œuvre les bonnes pratiques nécessaires à l'obtention de la norme ou référence parce qu'on le lui a demandé, tout simplement. Il n'a pas le choix, la démarche est initiée par la direction.

- Le manager de proximité répond à la législation ou la réglementation européenne qui impose de respecter des normes dans certains domaines, comme l'environnement, l'alimentaire, le nucléaire. Ces certifications sont nécessaires pour rester compétitif vis-à-vis des clients et garder une certaine légitimité.

- La démarche entre dans la stratégie d'amélioration de l'organisation. Il s'agit de motiver le personnel en l'incitant à faire mieux.

- Dans certains cas, la démarche ressort de la volonté du manager de proximité qui recherche le maximum en termes de management de la qualité pour son service.

Chapitre 10

Le management des moyens

LA DÉMARCHE TPM : TOTAL PRODUCTIVE MAINTENANCE

La démarche Total Productive Maintenance regroupe l'ensemble des actions, méthodes, outils et moyens qui participent à la *maîtrise de la performance globale des équipements de production.* La TPM est une démarche d'amélioration de la capacité des hommes à éliminer toutes les pertes des installations, dans le but de se rapprocher du *zéro défaut* (zéro panne, zéro accident). En d'autres termes, tant que la cause de la perte n'a pas été trouvée, il convient de la chercher partout où elle pourrait se situer : pertes dues aux équipements, pertes dues aux organisations, pertes dues aux produits ou énergies utilisés.

Démarche

Le principe de la TPM est d'utiliser des outils participatifs. Nous sommes toujours dans la logique de coopération entre le manager et son équipe. Il s'agit de responsabiliser les opérateurs et de faire de la TPM un outil de management piloté par la direction.

La démarche repose sur *cinq piliers principaux* qui sont des thèmes à développer conjointement :

- l'élimination des pertes ;
- la maintenance autonome ;
- la maintenance programmée ;
- la formation et l'entraînement, développés tout au long du processus ;
- la capitalisation et la TPM en projet.

Trois piliers annexes existent :

- la maintenance qualité produit ;

- le pilotage de la sécurité, des conditions de travail et de l'environnement ;
- l'amélioration du rendement des services support.

L'*élimination des causes de dysfonctionnement* concerne tous les types de dysfonctionnements, aussi bien ceux créés par l'homme que ceux dus aux machines. Pour mener à bien cette étape, les managers utilisent notamment la Méthode de Résolution de Problèmes (MRP).

La *maintenance autonome* consiste à amener des tâches de maintenance vers le personnel de fabrication. À partir d'une démarche 5S, les opérateurs de la fabrication prennent en charge une partie de leur poste de travail. Les managers réfléchissent ensuite avec eux, dans quelle mesure ils pourraient déceler, prévenir et traiter les anomalies susceptibles de survenir. La maintenance autonome rentre dans le cadre de la maintenance préventive et rend l'opérateur plus responsable de son poste de travail.

La *maintenance programmée* est effectuée par les techniciens de la maintenance. Ces services sont chargés de faire des analyses de risques, toujours dans l'optique de prévenir plutôt que de guérir. Ils assurent un changement préventif des éléments des machines afin d'agir avant la panne.

La *formation* et l'*entraînement* des opérateurs sont nécessaires pour l'acquisition et l'amélioration des compétences. Des ateliers d'entraînement sont régulièrement organisés. À terme, la démarche TPM devrait permettre la formation de l'ensemble des acteurs de l'usine.

L'*intégration des acquis* et la *capitalisation* consistent à répercuter sur la conception de nouvelles machines les améliorations apportées sur des installations existantes. Il est important de capitaliser pour ne pas refaire les mêmes erreurs. Toutes les astuces visant à réduire le temps de nettoyage, à accéder plus facilement aux éléments, à inspecter plus aisément sont autant de solutions à conserver et à intégrer à la conception des nouveaux équipements.

Mise en œuvre

On distingue trois phases pour la mise en œuvre de la TPM :

I. Phase d'initialisation :

1. Décision de la direction ;

2. Information et formation de l'encadrement;

3. Mise en place de la structure de pilotage.

II. Ébauche d'un plan directeur :

4. Diagnostic de l'état des lieux;

5. Élaboration d'un programme.

III. Déploiement des cinq piliers :

Exemple de mise en œuvre dans une entreprise utilisant la TPM depuis plusieurs années. Le déploiement de la TPM et de ses cinq piliers se déroule en trois étapes.

- *Un chantier école*, animé par l'instructeur TPM, souvent un hiérarchique issu du terrain. Il forme l'encadrement supérieur. L'objectif de cette étape est de comprendre la démarche et de guider le personnel; de disposer rapidement d'exemples pour la mise en œuvre d'autres chantiers et de définir les documents standard.

- *Des chantiers pilotes*, animés par la hiérarchie qui a été formée sur le chantier école. Le but est de former les chefs d'atelier et d'entrer dans une démarche de progrès. Les chantiers sont choisis en fonction de l'analyse des pertes.

- *Un plan directeur afin de généraliser* la démarche sur l'ensemble des lignes ou machines est mis en place. Il est pris en charge par les chefs d'atelier.

Le résultat de cette démarche est une augmentation de la productivité et du rendement opérationnel (= Nombre de pièces bonnes réalisées/ Nombre de pièces théoriquement réalisables).

**Exemple de management visuel mis en place
pour l'animation du plan de progrès TPM**

Rôle du manager

Concernant la TPM, tous les niveaux de la hiérarchie ont un rôle majeur, qu'il convient de détailler.

La direction doit élaborer le plan directeur, sur la base d'analyses et en ciblant les ateliers prioritaires ; elle s'implique dans la démarche TPM en se formant dans le cadre des chantiers écoles, par exemple, et peut ainsi accompagner les chefs d'atelier dans les chantiers pilotes. La direction de l'usine doit également veiller à la bonne application du plan directeur et s'assurer que la démarche est appliquée au quotidien.

Le chef d'atelier, une fois formé par sa hiérarchie, doit être capable de conduire un chantier. Il s'assure que les chefs d'équipe animent la démarche au quotidien du traitement des arrêts longs, et que tous les problèmes sont traités avec l'analyse PDCA.

Le chef d'équipe, enfin, anime les séances de résolution de problèmes, qui s'inscrivent dans la démarche TPM. Il doit aussi animer la démarche au quotidien, en créant un espace animation par le biais du management visuel : affichages, panneaux…

Le personnel de maintenance assure la pérennité de la mesure, de la formation des opérateurs et de la rigueur d'application des plans de maintenance préventive dans le cadre de l'animation fiabilité des moyens de fabrication.

**Exemples de management visuel (affichage TPM),
particulièrement développé dans les entreprises japonaises**

Animation à l'entrée de la cantine

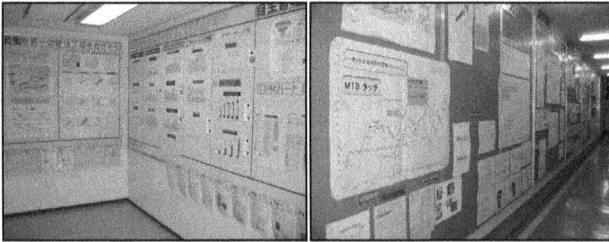

Animation à l'entrée de l'atelier

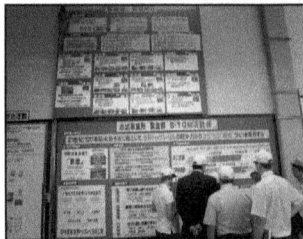

La méthode TPM®[1] : Maintenance Productive Totale

Définition générale

La TPM est une démarche d'amélioration qui s'applique à l'ensemble de la maintenance. L'objectif est d'éliminer toutes les pertes, quelles que soient leurs origines, humaines ou matérielles, afin de se rapprocher du «zéro arrêt de production».

Pourquoi la TPM

Cette démarche intervient dans le cadre du management de la qualité et s'intègre parfaitement au concept de système de production. TPM consiste à fiabiliser le fonctionnement des moyens utilisés en production. TPM s'applique aux installations automatisées. Il s'agit d'améliorer le rendement opérationnel.

Quoi et comment

TPM comprend cinq piliers à développer en cohérence :
- L'élimination des causes de dysfonctionnement, grâce à la Méthode de Résolution de Problèmes (MRP);
- La maintenance autonome, les opérateurs sont responsabilisés et doivent détecter et gérer seuls les problèmes;
- La maintenance programmée, les techniciens de maintenance interviennent en prévention sur les machines;
- La formation et l'entraînement, nécessaires pour l'amélioration des compétences;
- L'intégration des acquis et la capitalisation, qui consistent à intégrer à la conception de nouvelles machines les améliorations mises en œuvre.

Cette démarche permet l'amélioration du rendement opérationnel (RO). Le RO permet de mesurer la performance du système de production. Il se calcule de la manière suivante :

$$\frac{\text{Nombre de pièces bonnes réalisées}}{\text{Nombre de pièces réalisables.}}$$

---

1. TPM® = Total Productive Maintenance est une marque déposée par le JMA.

Bénéfices

Augmenter le rendement opérationnel (RO) par la réduction des causes de pertes, augmenter la qualité des produits.

ZOOM SUR...

le management visuel

Il consiste à mettre en place de manière claire
et évidente des moyens visuels : affichages et contrôles.
Les panneaux d'affichage : ils détaillent la démarche et présentent
les outils TPM; ils peuvent servir à la formulation de nouvelles idées
ou à visualiser le niveau d'une résolution de problèmes (MRP).
Des repères sur les installations : ils servent à contrôler
des manipulations, signaler des emplacements,
identifier les espaces de travail. Ils jouent
un rôle important pour
la sécurité.

LA MATRICE DES COMPÉTENCES

La matrice des compétences sert à évaluer les aptitudes des opérateurs dans l'utilisation de différents outils ou de différentes applications.

Qu'est-ce qu'une compétence ?

Les compétences regroupent *l'ensemble des aptitudes, des traits de caractère et les différentes expériences* d'une personne.

Exemple :

– **Aptitude** : *une bonne vue*
– **Trait de caractère** : *calme*   } **Compétence :** → **Métier :**
– **Expérience** : *stages en laboratoires*   *savoir manipuler un microscope*   *biologiste*

Un métier est formé d'un ensemble de compétences.

Attention, il ne faut pas confondre : polyvalence et «polycompétence».

La *polyvalence* est le fait d'avoir une certaine compétence et de savoir l'appliquer dans différentes situations. Par exemple, un opérateur qui réalise un travail précis sur une machine A, est polyvalent s'il arrive à effectuer ce même travail sur une machine B, qui a d'autres caractéristiques. La polyvalence fait appel à des qualités d'adaptation.

La *«polycompétence»*, c'est d'avoir plusieurs compétences et de s'en servir simultanément pour un travail donné. Un opérateur est polycompétent si pour son travail, il est capable non seulement de réaliser les tâches techniques mais également des actions d'autocontrôle, des réglages, de l'automaintenance.

Démarche

Voici un exemple de matrice d'évaluation des opérateurs.

La matrice «ILUO»

Postes	1	2	3	4	5	6
Produit	X	X	X	X		X
Processus		X				
Qualité	X	X		X	X	X
Logistique					X	
Sécurité	X	X	X	X	X	X
Maintenance	X	X	X			X
Technique						
Gestion			X	X		
Organisation						
Management		X				X
Opérateur A	I		⌐	⌐		☐
Opérateur B	⌐	☐				
Opérateur C	⌐		I		⌐	⌐

I A appris et saurait faire	L Sait faire et a pratiqué	⌐ Sait faire et maîtrise	☐ Peut former les opérateurs

Pour chaque poste, on détermine quelles sont les compétences à avoir pour pouvoir tenir ce poste. Ici, pour le poste 1, il faut connaître le produit, c'est-à-dire à quoi il sert, quelles sont ses caractéristiques; ensuite il faut connaître les aspects qualité et sécurité liés au poste, et enfin les aspects maintenance.

Exemple :

Le poste 1 présenté dans la matrice pourrait être celui de l'expédition : il faut connaître le produit qui va être acheminé pour adapter le contenant au produit; il faut respecter les normes qualité, si le produit est fragile, mettre des protections; les normes de sécurité sont à connaître quels que soient le poste et la maintenance dans le cas d'une machine particulière qui demande parfois des réparations ou des mises au point.

Ensuite, pour chaque opérateur, on détermine à l'aide de tests ou des formations qu'il a validées ses aptitudes et ainsi ses compétences pour chaque poste. Dans l'exemple de matrice ci-dessus, on distingue quatre niveaux :

- I : l'opérateur a appris et saurait faire ;

- L : l'opérateur sait faire et a pratiqué ;
- U : l'opérateur sait faire et maîtrise ;
- O : l'opérateur peut former.

Bénéfices

La matrice des compétences permet de faire le point d'une part sur les différentes compétences des opérateurs mais aussi sur le nombre de personnes formées sur les différents postes. Elle sert d'outil d'aide à la décision concernant la gestion de la formation et des effectifs.

Exemple :

Dans la matrice ci-dessus, on constate que seul un opérateur est capable de tenir certains postes. Cela pose problème si cette personne est absente. Pour le poste 2, un des opérateurs a le niveau le plus élevé de compétences, cependant, il est le seul à pouvoir tenir ce poste. Il est recommandé qu'il forme un des opérateurs à ce poste pour pouvoir le remplacer. Au contraire du poste 3, où personne n'a le niveau maximal, mais deux personnes sont capables d'assurer le fonctionnement.

Rôle du chef d'équipe

Le manager de proximité doit veiller à avoir suffisamment d'opérateurs compétents dans son équipe, pour pouvoir assurer des remplacements si besoin. Pour cela, des formations sont organisées pour remédier aux éventuels manques. Régulièrement, le manager fait le point sur les compétences présentes dans son équipe. Des bilans de compétences doivent être renseignés.

Exemples de management visuel (Japon)

Skill person list

Nouvel employé

Acquisition d'une nouvelle compétence

Chapitre 11

Le management des flux

LE JUSTE À TEMPS

Ce processus est essentiel dans la démarche des Nouveaux Systèmes de Production. C'est une des méthodes de progression. Elle part du principe qu'il faut *accélérer la vitesse de circulation des pièces* pour ainsi optimiser les flux. Le manager doit mettre en œuvre toutes les solutions possibles grâce à différents outils pour atteindre cet objectif.

Le but de cette démarche est de livrer le produit demandé par le client, au moment demandé, avec un minimum de stock. La définition première du Juste À Temps (JAT) est de *fabriquer et livrer des produits dont on a besoin, quand on en a besoin, dans les quantités exactes.* Si on l'applique au processus de production, il consiste à *organiser la production de telle manière que le client reçoive le produit demandé sans avoir à attendre, et que pour lui donner satisfaction, aucun stock ne soit nécessaire.*

Trois aspects du JAT ressortent de ces définitions :

- un *aspect logistique*, il s'agit d'être «à l'heure»;

- un *aspect pratique*, les pièces doivent être livrées dans l'ordre d'assemblage et le processus doit se dérouler conformément à la planification;

- un *aspect économique*, la production doit se réaliser dans un minimum de temps.

Démarche

Pour tendre vers ce but, le JAT consiste à développer une organisation de la production en *flux tendus*, d'une part dans les processus en interne, d'autre part en collaboration avec les fournisseurs et les clients.

Plusieurs principes sont appliqués. Le premier, à prendre en compte pour que les flux fonctionnent sans aléas, est que *«les machines ne doivent pas s'arrêter»*, ou le moins longtemps possible. Dès qu'un événement anormal survient – panne, difficulté d'un opérateur – l'objectif est que toutes les personnes concernées soient averties et réagissent en conséquence. L'alerte peut être donnée par un signal lumineux et sonore, comme un poka yoké d'alerte. Le signal doit susciter un maximum de réactivité, l'objectif étant que nul ne puisse ignorer qu'une installation est à l'arrêt.

Le deuxième principe consiste à dire *«les machines sont capables de s'arrêter toutes seules lors d'un incident»*. Dès l'apparition d'une anomalie, la machine s'arrête, on parle alors d' «autonomisation». Plus généralement, ce principe signifie aussi qu'il ne faut pas transmettre de défaut à son «client». Ainsi, il ne faut jamais transmettre de non-qualité, ce qui implique de détecter tous les éventuels défauts et d'organiser la production de telle manière qu'un défaut ne puisse pas se propager. Cela est rendu possible en analysant les processus grâce à la TPM, au Kaizen, au SMED (voir fiches associées).

Le troisième principe consiste à *éliminer tous les gaspillages de temps*. Ces gaspillages correspondent à tous *les moments où le produit n'acquiert pas de valeur ajoutée*. En effet, dans le processus de production, on distingue deux sortes d'activités : celles à valeur ajoutée, qui rapprochent le produit du désir du client; et toutes les autres, considérées comme du gaspillage car elles n'apportent rien de plus au produit. Par exemple, les temps d'attente entre les opérations ou les temps de stockage.

On classifie les gaspillages en sept catégories :

Les sept sortes de gaspillage	
La surproduction	Il est fréquent que les équipes produisent plus que nécessaire ou plus vite que le processus ne le demande. Dans ce cas, il y a gaspillage des ressources.
Les stocks	Lorsqu'il y a surproduction, la création de stock est inévitable. La vision contradictoire des stocks est qu'ils peuvent être perçus comme une garantie alors qu'en réalité, ils masquent des problèmes liés au processus : non-flexibilité, non-qualité, non-fiabilité. Ces stocks ont un coût, il y a gaspillage puisque ce coût n'apporte pas de valeur ajoutée.
Les temps d'attente	Tous les temps morts présents entre deux opérations n'ont aucune valeur ajoutée pour le client. Il convient d'en analyser la cause (retard d'approvisionnement, encombrement des machines, manque de planification…) et de les réduire au maximum.

.../...

Les sept sortes de gaspillage	
Les transports inutiles	Le transport des pièces n'apporte pas de valeur ajoutée, il doit être réduit au minimum, voire supprimé, si possible.
Les opérations inutiles	Certaines opérations ne sont pas indispensables, comme des contrôles qualité qui pourraient être supprimés par une meilleure maîtrise du processus, ou encore des opérations générant de la surqualité.
La production de défauts	Corriger des défauts a un coût inutile, une meilleure maîtrise du processus ou de la prévention peut éliminer ces effets.
Les mouvements inutiles	Tout mouvement ou déplacement inutile est voué à disparaître grâce à la mise en place de chantiers Kaizen.

Le JAT en optimisant les flux, d'une part réduit les coûts, d'autre part révèle tous les dysfonctionnements : au niveau qualité, fiabilité et flexibilité. En effet, réaliser l'optimisation des flux met en évidence les carences et les dysfonctionnements masqués par une position confortable.

On peut représenter les problèmes liés au flux de production par les trois figures suivantes :

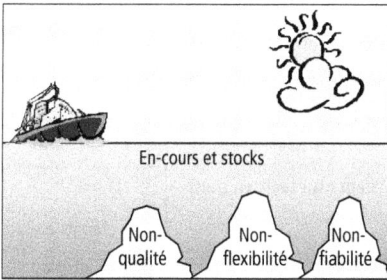

Les stocks masquent les problèmes du flux de production.

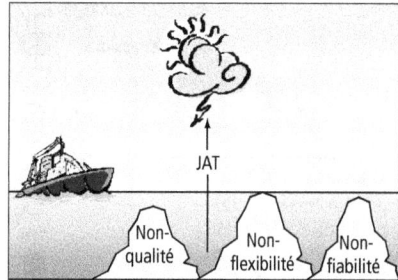

Le JAT a pour objectif de rendre visibles ces problèmes.

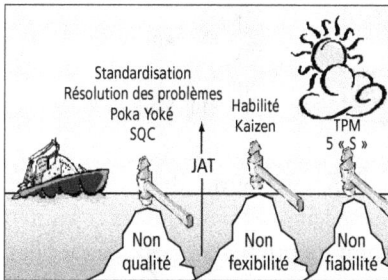

Les outils du NSP aident à éliminer ces problèmes.

Déroulement

Il s'agit avant tout de connaître quel serait le rythme idéal de production, compte tenu : du rythme actuel, de la cadence réellement constatée; du rythme de consommation, ce que le client consomme par jour; et du rythme TAKT, c'est-à-dire le temps opératoire divisé par la quantité à produire.

En premier lieu, il convient d'établir le flux du process.

Exemple d'analyse de flux

Ensuite, grâce aux différents outils des NSP, Kaizen, «5S», SMED, TPM (voir les fiches spécifiques) les équipes et les managers tentent de résoudre un maximum de problèmes pour gagner le plus de temps sur la production.

Ainsi, un chantier Kaizen réalisé sur les flux permet de se concentrer sur les objectifs suivants : réduction des temps d'écoulement, réduction du niveau des stocks, accroissement de la capacité des moyens, réduction des besoins en surface par une réorganisation des postes de travail, optimisation des coûts des matières premières et amélioration de la productivité.

Bénéfices

L'organisation d'un atelier avant la mise en place du JAT

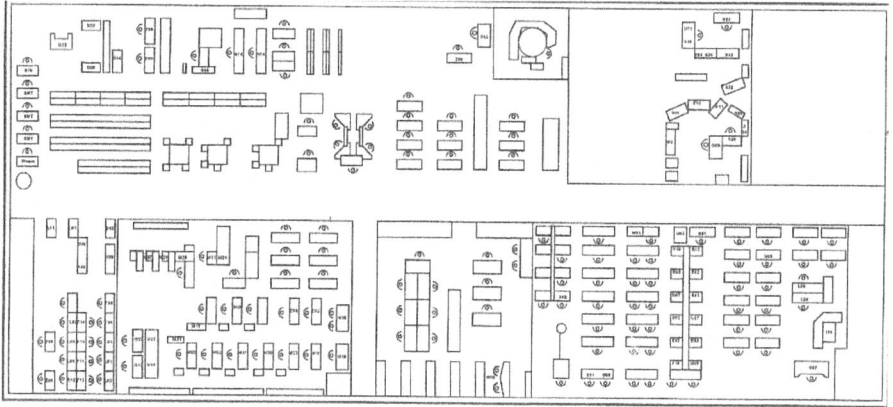

L'organisation d'un atelier après la mise en place du JAT

Gain de place 600m²

Les bénéfices du Juste À Temps sont essentiels pour la *productivité*, la *rentabilité* et l'*efficacité* des usines.

Le JAT participe à la démarche de progression que prônent les NSP. Par la recherche de gains de temps, de nouveaux standards sont édictés, avec une réorganisation; un nouveau procédé et les fiches standard doivent être mis à jour. Par ailleurs, le JAT requiert la polyvalence des opérateurs, ce qui rentre dans le programme de formation. Concernant les chantiers Kaizen, il est un des outils réguliers du JAT. Enfin le JAT contribue à la Total Productive Maintenance (TPM) en exigeant des pièces non défectueuses.

Rôle du chef d'équipe

Le chef d'équipe a pour missions essentielles de respecter les niveaux de stocks et les en-cours standard; de participer aux chantiers JAT mis en place par les chefs d'atelier sur les indications de la direction; de mettre en œuvre des actions prioritaires avec l'aide du chef d'atelier pour progresser dans la maîtrise et le respect des flux.

Le chef d'atelier a pour rôle d'organiser le déploiement des activités du JAT et de s'engager sur des objectifs concrets, comme la réduction des en-cours. Il doit identifier les actions prioritaires à mener pour le bon développement des unités de travail, concernant les problématiques de Qualité, Coûts et surtout Délais, en l'occurrence.

La direction, quant à elle, doit mettre en évidence les gaspillages, organiser le déploiement des activités du JAT et bien sûr donner les moyens nécessaires aux ateliers pour mettre en place la démarche.

Exemple d'amélioration d'organisation grâce à un chantier JAT

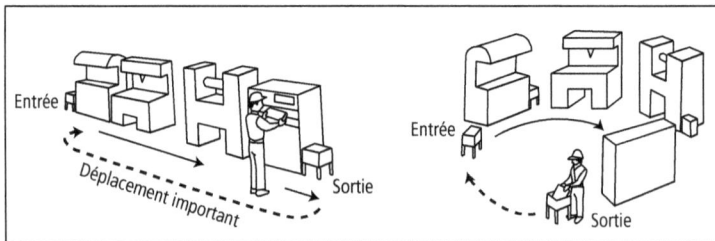

Le Juste À Temps – JAT

Définition générale

Le Juste À Temps est un procédé d'optimisation des flux. Il consiste à dire que l'on doit «fabriquer et livrer juste ce dont on a besoin, quand on en a besoin et dans les quantités exactes demandées par le client». Concernant le processus, il s'agit de produire pour satisfaire la demande, sans avoir besoin de stock.

Pourquoi le JAT

De nombreuses pertes de temps – dues à différents types de causes : stocks, temps d'attente, transport… – ont été constatées dans les usines. La démarche du JAT vise à réduire, voire *éliminer*, *tous les gaspillages* de temps et à *résoudre tous les dysfonctionnements* liés à la gestion logistique des flux, internes et externes. L'objectif recherché est d'avoir le moins d'activités à non-valeur ajoutée.

Quoi et comment

Pour réussir à instaurer un flux tendu entre les process, c'est-à-dire avec l'ensemble des fournisseurs, et à l'intérieur des process, le JAT s'appuie sur différents outils : la mise en place de chantiers Kaizen, le SMED, la formation.

Les activités à non-valeur ajoutée dépendent de *sept catégories de gaspillage* : la surproduction, les stocks, les temps d'attente, les transports inutiles, les opérations inutiles, la production de défauts, les mouvements inutiles.

Concrètement, il s'agit de mettre en place *un chantier Kaizen JAT*. Celui-ci consiste à observer le terrain et décrire la situation actuelle, puis à projeter la situation idéale pour les flux, ensuite décider d'un plan d'actions pour atteindre la cible définie au préalable et enfin présenter ce plan aux managers de proximité. Les *objectifs* de ces chantiers sont *multiples* : réduire les temps d'écoulement, réduire les coûts de matières consommées, réduire les surfaces des postes de travail.

Dans le même temps le JAT, qui nécessite une qualité des produits parfaite, révèle les dysfonctionnements existants concernant la non-flexibilité, la non-qualité, la non-fiabilité. Pour les résoudre, le JAT s'appuie sur la standardisation et la Méthode de Résolution de problèmes, des analyses de postes rouge-vert et la formation, la Total Productive Maintenance.

Bénéfices

Assurer la Qualité Totale, améliorer la productivité et la satisfaction client.

ZOOM SUR...

le JAT et la standardisation

Les chantiers JAT, agissant sur les temps et donc sur les processus, nécessitent la mise à jour des fiches standard correspondantes. Par ailleurs, le respect des standards permet une meilleure garantie, d'une part de qualité, mais aussi de délai.

La méthodologie du SMED[1] : échange d'outillage rapide

Définition générale

Le SMED est une méthode développée au Japon, qui consiste à réduire le temps de changement d'outillage entre deux séries de pièces.

Pourquoi le SMED

En étudiant les opérations de changement d'outillage, on s'est rendu compte que beaucoup de temps était perdu entre les opérations internes, qui sont effectuées impérativement machines arrêtées, et les opérations externes, qui peuvent être réalisées machines en marche. Le but est de réduire au maximum ces opérations.

Quoi et comment

Le but est de regrouper les deux types d'opérations, internes et externes, et de transformer les opérations internes en opérations externes. C'est le principe de base du changement d'outillage rapide.

Pour cela, il existe cinq phases à mettre en place :

- **PHASE 0 :** identifier la situation actuelle.
- **PHASE 1 :** identifier les opérations du processus de changement d'outillage.
- **PHASE 2 :** séparer les opérations internes et externes.
- **PHASE 3 :** transformer le plus possible d'opérations internes en opérations externes.
- **PHASE 4 :** rationaliser les opérations internes restantes (réduire au maximum la durée des opérations).
- **PHASE 5 :** rationaliser les opérations externes (réduction des coûts, durée, consommation d'énergie...).

---

1. SMED : Single Minute Exchange of Die.

Bénéfices

Le SMED permet des *gains de temps* et par conséquent la production en plus petites séries, la *réduction des stocks* et donc une plus grande flexibilité. Il permet aussi l'augmentation du *taux d'utilisation machine*, l'amélioration de la qualité du produit (suppression des erreurs de réglage), l'amélioration de la *sécurité* (suppression des aléas et des gestes dangereux).

ZOOM SUR...

les quatre étapes
d'un changement d'outillage :

1. Préparation et vérification des machines, de l'outillage et de l'environnement.
2. Montage et démontage des outillages, matrices, calibres et dispositifs d'assemblage.
3. Centrage des outils ou matrices, positionnement et réglage des différents paramètres (T°, pression...).
4. Essais et ajustements ; des produits sont usinés pour tester et effectuer un réajustement si nécessaire.
La répartition du temps est la suivante : étape 1 : 30 %, étape 2 : 5 %, étape 3 : 15 %, étape 4 : 50 %.

Étude de cas

La méthode Hoshin des flux

Sujet

Optimiser une ligne de production.

Secteur

Aéronautique, Défense.

Situation de départ – Problèmes rencontrés

- La ligne produisant en petites séries, qui regroupe 80 personnes, souffre de son succès. Les nouveaux produits sont intégrés à la ligne sans étude préalable de flux ou de capacité.
- L'organisation en ligne n'a consisté qu'à regrouper les acteurs toujours implantés selon une logique métier sans allocation de tous les moyens.
- La conséquence est un flux de produits désorganisé, beaucoup trop long (5 km en interne pour certains produits), sous-performant, et un manque de fiabilité des processus production et logistique.

Choix stratégique

Reengineering de toute la ligne de production «petites séries» avec la participation de tous les acteurs.

Solutions mises en place

- Mise en place d'une approche s'appuyant sur le Lean Manufacturing. La démarche comporte cinq étapes :
    - Recherche et hiérarchisation des problèmes pour justifier en quoi cette démarche est appropriée.
    - Analyse de trois processus produit en fonction de leurs spécificités.
    - Analyse rouge-vert pour faire ressortir la part de non-valeur ajoutée de certains postes de travail et les éliminer.
    - Mise en place de moyens pour éradiquer les causes de non-qualité (poka yoké…).
    - Organisation de chantiers SMED pour améliorer la capacité de certains postes.

- Définition d'un plan d'implantation.
- Élaboration d'un planning type associant le bon opérateur à la bonne machine au bon moment.
- Six mois plus tard, mise en œuvre du plan d'implantation en conformité avec les travaux du management visuel.

Résultats obtenus

La chaîne de production est optimisée.

	Produit 1		Produit 2	
	AVANT	APRÈS	AVANT	APRÈS
Temps de cycle	34 jours	**9 jours**	64 jours	**24 jours**
Rendement processus	16 %	**47 %**	22 %	**61 %**
En-cours	Gain de **900 K€**		Gain de **625 K€**	

Le Kanban

Définition générale

Le kanban, «étiquette» en japonais, est une méthode qui permet de *contrôler les flux* d'approvisionnement. Il s'agit de faire circuler l'information entre le client et le fournisseur afin de synchroniser la fabrication et la consommation.

Pourquoi le Kanban

La priorité est la *satisfaction client* en termes de qualité, quantité et délais. Il s'agit de produire en fonction de leurs besoins. Par ailleurs, le kanban facilite la réduction des coûts : on les maîtrise mieux et on favorise les flux tendus. Enfin le kanban permet de faire partager le processus de commande et pérennise la méthode auprès des opérateurs.

Quoi et comment

Les principes du kanban

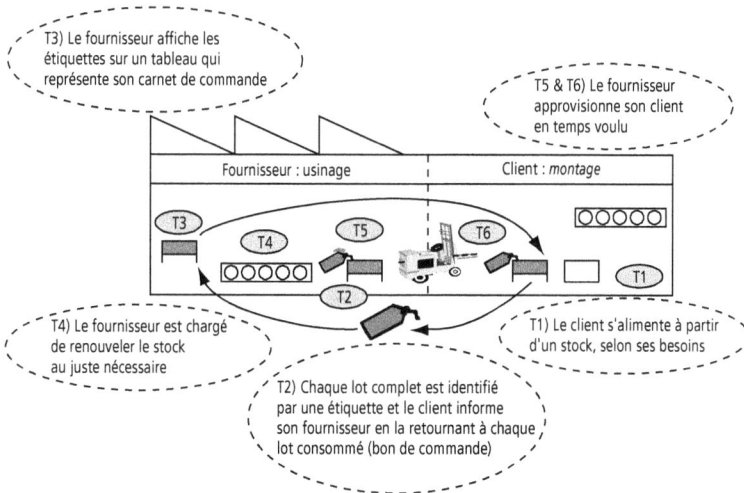

T3) Le fournisseur affiche les étiquettes sur un tableau qui représente son carnet de commande

T5 & T6) Le fournisseur approvisionne son client en temps voulu

Fournisseur : usinage

Client : *montage*

T4) Le fournisseur est chargé de renouveler le stock au juste nécessaire

T1) Le client s'alimente à partir d'un stock, selon ses besoins

T2) Chaque lot complet est identifié par une étiquette et le client informe son fournisseur en la retournant à chaque lot consommé (bon de commande)

Si le client ne consomme pas, les étiquettes ne reviennent pas au fournisseur, qui arrête la production.

Étiquette	Étiquette	Étiquette
Vert	Étiquette	Étiquette
	Étiquette	Étiquette
Blanc	Blanc	Étiquette
Rouge	Rouge	Rouge

Le *tableau d'ordonnancement* à zones de couleur :

- Il est rempli au fur et à mesure de haut en bas avec les étiquettes que reçoit le fournisseur.
- Dès que les étiquettes atteignent la zone blanche, la production doit être lancée. C'est le *seuil de déclenchement*. Il représente le niveau de stock minimal en dessous duquel il faut déclencher la fabrication, sous peine de provoquer une pénurie chez le client.

Le seuil tient compte de la durée de fabrication du produit afin que le client le reçoive au moment où il en aura besoin.

Bénéfices

La méthodologie facilite la gestion des flux. Le kanban est un outil de communication visuel qui propose des solutions sur mesure et permet une visibilité et une maîtrise des stocks.

--- ZOOM SUR... ---

kanban interne/kanban externe

Le kanban interne a pour client et fournisseur deux entités d'une même entreprise. Au contraire, le kanban externe a un client et un fournisseur issus de deux entreprises différentes.

Chapitre 12

Le management du progrès

LE DÉPLOIEMENT D'OBJECTIFS ET DE PLANS D'ACTIONS

Le déploiement d'objectifs et des plans d'actions constitue la base pour la stratégie de l'entreprise. Il est l'élément fédérateur et le moteur de l'entreprise. Le déploiement des objectifs et des plans d'actions permet de concentrer de manière cohérente toutes les ressources et moyens d'une entreprise autour de quelques objectifs communs bien définis qui assurent sa pérennisation.

Cette démarche a deux finalités :

- décliner les objectifs annuels et construire les plans d'actions associés, en s'assurant qu'ils permettront d'atteindre les objectifs fixés à partir d'un diagnostic solide ;
- s'assurer régulièrement de l'avancement des plans d'actions et de l'atteinte des objectifs et mettre en œuvre, le cas échéant, des mesures correctives.

Le déploiement d'objectifs et des plans d'actions a pour rôle de concentrer et de fédérer tous les niveaux hiérarchiques autour d'objectifs communs.

Cette méthode repose sur des points clés :

- faire partager les ambitions de l'entreprise ;
- discerner l'essentiel en Qualité, Coûts, Délais pour le client ;
- établir des priorités dans les objectifs ;
- coordonner verticalement et horizontalement les actions de progrès ;
- être capable de mesurer, comprendre, et tirer les enseignements des échecs comme des succès pour pouvoir s'engager rapidement dans de nouvelles actions.

Démarche

La conduite du déploiement d'objectifs et des plans d'actions s'appuie sur des cycles PDCA (Plan, Do, Check, Act), qui se déclinent tout le long de la chaîne hiérarchique.

Les étapes pour chacun des PDCA développés

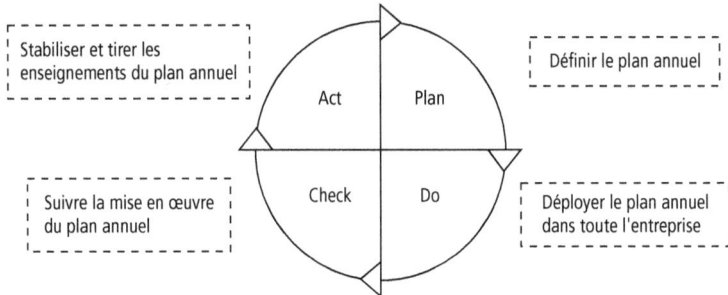

C'est le comité de direction qui établit le plan annuel global (Plan). Il initialise le déploiement du plan d'actions (Do). Ce travail s'appuie sur l'analyse des résultats de l'année en cours et a lieu entre juillet et septembre (Act). Cette phase est essentielle puisqu'elle conditionne les objectifs et le plan d'actions à définir pour l'année suivante. Il s'agit de déterminer les écarts de performances ou les sujets pour lesquels des progrès peuvent être apportés. Ces analyses sont par «causes» et «organisations».

Chaque plan d'actions, à chaque niveau, entre dans le cadre des orientations et des actions développées par le niveau hiérarchique supérieur. Il existe un processus, dit de «catchball», qui consiste à instaurer des aller-retour entre deux niveaux hiérarchiques afin de se mettre d'accord sur le déploiement des objectifs et des plans d'actions.

Par la suite, le déploiement fait l'objet de contrôles réguliers (Check) à chaque niveau au cours de réunions mensuelles ou semestrielles, appelées revues d'avancement. Le cas échéant, des réorientations sont envisagées (Act).

Les boucles PDCA agissent en cascade, depuis le comité de direction jusqu'à l'atelier, en passant par le département. Pour chaque niveau, le procédé est le même : diagnostic de l'année N (Act), définition des objectifs et actions en accord pour l'année N +1 (Plan et Do), suivi mensuel en N +1 (Check) et modifications, s'il y a lieu, en N +1 (Act).

Schéma du déroulement du DOPA

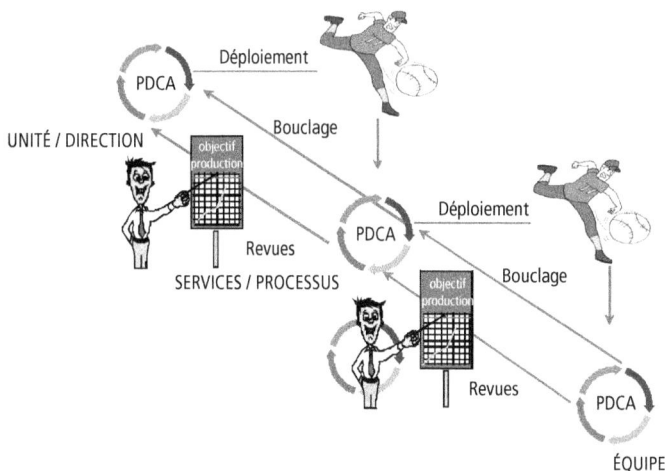

Bénéfices

Le déploiement d'objectifs et des plans d'actions est la véritable clé de voûte de la stratégie de l'entreprise. Il s'agit de réfléchir aux objectifs communs. Le déploiement permet alors de *structurer* les actions à mettre en place pour le développement et la progression de l'entreprise.

Le déploiement d'objectifs et des plans d'actions garantit la cohérence entre le management au quotidien et la stratégie déployée par l'entreprise. Celui-ci donne les orientations à suivre et aide le manager à conduire ses équipes.

Rôle du chef d'équipe

Chaque manager, dans son périmètre, joue le même rôle, que ce soit le directeur au sein du comité de direction ou le chef d'atelier dans son atelier. Concernant la phase «Plan», il s'assure que le calendrier est respecté et participe aux «catchballs», c'est-à-dire les retours et négociations entre hiérarchies.

Il s'assure, ensuite, pour la phase «Do», que les activités de progrès liées au déploiement sont bien effectuées.

Pour la phase «Check», il doit faire un point sur l'avancement des plans d'actions tous les mois et tous les trimestres, et s'il constate des écarts, il doit réagir et mettre en place des contre-mesures.

Enfin, à la fin de l'année, il est chargé de réaliser des analyses par « causes » et « organisations » afin de dresser le bilan et de préparer le déploiement d'objectifs et de plans d'actions pour l'année suivante.

Exemple simple de déploiement d'objectifs :

1. **Les slogans simples ne permettent pas de véhiculer des messages importants au sein de l'ensemble de l'organisation.**

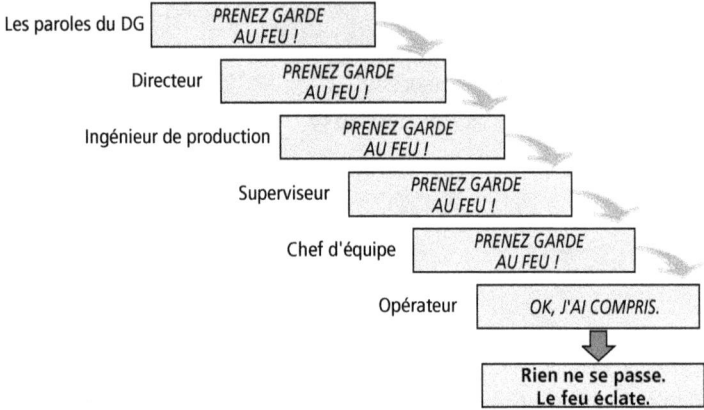

Les paroles du DG — *PRENEZ GARDE AU FEU !*
Directeur — *PRENEZ GARDE AU FEU !*
Ingénieur de production — *PRENEZ GARDE AU FEU !*
Superviseur — *PRENEZ GARDE AU FEU !*
Chef d'équipe — *PRENEZ GARDE AU FEU !*
Opérateur — *OK, J'AI COMPRIS.*

**Rien ne se passe.
Le feu éclate.**

2. **Les itinéraires servent de directives au développement de plans d'actions : ils transforment des objectifs en actions et en résultats.**

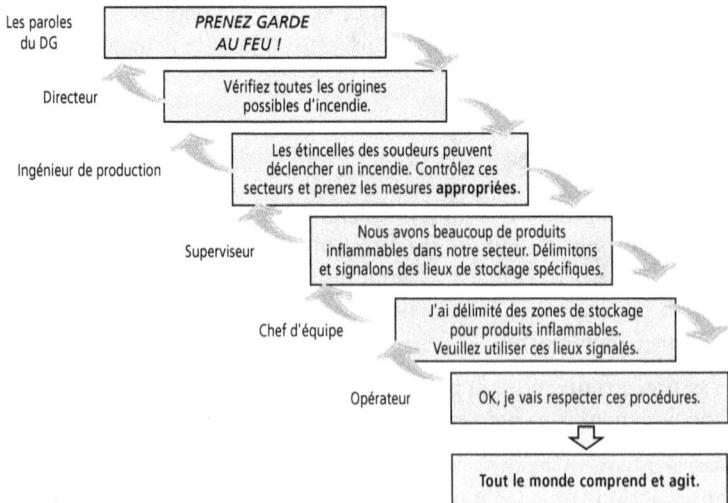

Les paroles du DG — *PRENEZ GARDE AU FEU !*
Directeur — Vérifiez toutes les origines possibles d'incendie.
Ingénieur de production — Les étincelles des soudeurs peuvent déclencher un incendie. Contrôlez ces secteurs et prenez les mesures **appropriées**.
Superviseur — Nous avons beaucoup de produits inflammables dans notre secteur. Délimitons et signalons des lieux de stockage spécifiques.
Chef d'équipe — J'ai délimité des zones de stockage pour produits inflammables. Veuillez utiliser ces lieux signalés.
Opérateur — OK, je vais respecter ces procédures.

Tout le monde comprend et agit.

DÉVELOPPEMENT DE L'UNITÉ DU TRAVAIL

Si l'on prend comme valeur de base l'unité de travail, il convient de la développer au mieux. On entend par unité de travail une structure de 20 personnes maximum, managée par une seule personne, avec des clients et des fournisseurs clairement définis et une mission de process déterminée. Le chef d'unité se consacre à l'amélioration et l'optimisation des postes de travail de son périmètre et son plan de progrès.

Démarche

Pour le développement de l'unité de travail, il existe un outil progressif. Il est composé de *huit axes de développement*, qui correspondent aux huit champs d'activité de l'unité de travail et de *quatre niveaux de maturité*. Il n'y a pas de hiérarchie entre les différents axes, ils doivent être développés simultanément. Ces huit axes sont les suivants :

- standardisation ;
- professionnalisme ;
- implication, animation et règles de vie ;
- maîtrise de la qualité ;
- maîtrise des conditions de travail et de l'environnement ;
- maîtrise de la performance des moyens ;
- maîtrise des flux et des délais ;
- maîtrise des coûts.

Il est important que l'évolution de ces axes se fasse de façon simultanée pour éviter des écarts de progression. Les différents axes évoluent selon quatre niveaux de maturité :

- niveau 1 : l'unité de travail connaît et applique avec rigueur ;
- niveau 2 : l'unité de travail analyse et élimine les dysfonctionnements ;
- niveau 3 : l'unité de travail améliore sa performance grâce à un plan d'actions ;
- niveau 4 : l'unité de travail anticipe et capitalise, et est largement autonome.

Bien sûr pour passer du niveau 1 au niveau 2, il faut maîtriser les caractéristiques du niveau 1.

Le chef d'unité prépare un autodiagnostic à l'aide d'une grille prédéfinie qui détaille les points à valider pour tel ou tel niveau. Avec l'aide du chef d'atelier, le chef d'unité reporte sur un document de synthèse les niveaux atteints pour chacun des axes et les objectifs en termes de niveaux et de délais. Ensuite, il s'agit de déterminer les actions à mener pour atteindre ces objectifs.

Rôle du chef d'équipe

Le manager est responsable de son équipe. Il planifie et conduit l'activité de l'unité de travail et veille à son bon fonctionnement. Il est chargé de mettre en œuvre et de développer ses performances, de garantir sa qualité.

Il peut animer un système de suggestions, qui permet de recueillir les avis et remarques des membres de l'équipe. Certaines d'entre elles peuvent être prises en compte et appliquées immédiatement, comme lors d'un kaizen ; d'autres demandent plus de réflexion et l'avis de la hiérarchie. (Voir fiche : Les systèmes de suggestions.)

Ci-après un exemple de feuille de contrôle du développement d'un département. Pour chacun des axes, les unités de travail sont évaluées et leur niveau est déterminé. Par exemple, ici, pour le premier axe «Professionnalisme», 100 % des unités ont acquis le niveau 1, 80 % maîtrisent le niveau 2 et seulement 6 % ont validé les critères pour atteindre le niveau 3 pour l'année 2005.

Exemple de feuille de contrôle du développement d'un département

Les systèmes de suggestions

Définition générale

Les systèmes de suggestions sont mis en place par la direction et permettent aux salariés de faire des propositions concrètes pour améliorer leur travail au quotidien ou encore la performance de l'entreprise en Qualité, Coûts, Délais. Ces suggestions peuvent être sources d'innovation.

Pourquoi les systèmes de suggestions

Ils interviennent dans le management de la qualité au quotidien et particulièrement dans la gestion des équipes. Le but est de prendre en compte les idées des personnes en contact permanent avec la réalité, c'est-à-dire ceux qui constatent des anomalies ou problèmes.

Quoi et comment

Les suggestions concernent différents champs d'application : la sécurité et les conditions de travail, la qualité des produits et des services, de nouvelles prestations, de nouveaux produits ou brevets.

Il existe plusieurs niveaux de systèmes de suggestions :

- Niveau 1 : il n'y a pas de système de suggestions en place dans l'entreprise.

- Niveau 2 : il existe une définition du système de suggestions, des améliorations sont effectuées au cas par cas, à la vue des améliorations réalisées dans d'autres secteurs.

- Niveau 3 : un système de suggestions existe mais il y a peu de feed-back. Les résultats sont communiqués à l'encadrement.

- Niveau 4 : une équipe est responsable du programme de suggestions, le feed-back est rapide.

- Niveau 5 : tout le personnel est impliqué dans le processus de suggestions, dans la coordination et la mise en œuvre des idées. Les suggestions sont reconnues comme éléments clés du progrès.

Elles font l'objet d'une incitation financière. Les meilleures sont présentées et récompensées lors d'une convention d'entreprise.

Le circuit de traitement des suggestions doit être simple pour être efficace et rapidement mis en place. Il dépend bien sûr de la taille de l'entreprise, des relations entre les entités (centralisées ou non) et du mode de récompense. Une relation directe avec le N + 1 est préférable.

Bénéfices

Créer et maintenir un état de motivation élevé au sein de chaque unité de travail.

Faire appel en permanence à l'intelligence de tout le personnel.

ZOOM SUR...

les forces et faiblesses

Il faut veiller à ce que les systèmes de suggestions soient mis en place dans une logique de progression et d'amélioration au quotidien. Par exemple, de grandes idées innovatrices peuvent être trouvées, mais le plus souvent ce sont des idées type Kaizen, d'amélioration en continu.

LES ROADMAPS

Les roadmaps sont *l'outil de diagnostic* des Nouveaux Systèmes de Production; il s'agit de *référentiels*. Ils permettent de mesurer comment les NSP sont développés et managés. Ils décrivent également les voies à suivre pour obtenir la performance optimale en s'appuyant sur les meilleures pratiques observées. Le meilleur niveau étant le niveau 5 : «Best in class.»

Il existe un roadmap pour chaque élément des NSP : «5S», standardisation, amélioration du poste de travail, Juste À Temps, poka yoké, Méthode de Résolution de Problèmes... Pour la TPM, il existe même un roadmap par étape.

Les roadmaps servent de référence pour :

- donner une vision complète du système de production;
- diagnostiquer les performances du système;
- définir les priorités et les plans d'actions;
- suivre les progrès de l'établissement.

Les roadmaps jouent un rôle essentiel dans le déploiement des objectifs et des plans d'actions puisqu'ils présentent une vision claire et précise de la situation générale du système de production à un moment donné.

Les roadmaps doivent être :

- *cohérents*, ils donnent le sens de la démarche NSP;
- *communs*, ils indiquent les mêmes orientations et les mêmes objectifs pour chaque usine;
- *vivants*, ils doivent évoluer dans le temps, en fonction des améliorations apportées aux processus, de la progression des savoir-faire.

Démarche

Les roadmaps décrivent une voie de progression qui se base sur trois critères :

- la *généralisation souhaitée* : décrit le niveau de profondeur et le degré d'appropriation souhaités;
- le *comportement managérial souhaité* : décrit les comportements et compétences attendus;
- la *performance attendue*, grâce à un indicateur de résultats ou de processus.

Ces trois critères sont évalués selon quatre, voire cinq niveaux, le but étant d'approcher le niveau maximum (4 ou 5) : *Best in class*, soit les meilleures pratiques mondiales. Le niveau 1 ne requiert aucune exigence, il témoigne simplement de l'état initial de l'outil et révèle les dysfonctionnements habituellement constatés lorsque la démarche n'est pas développée. Le niveau 2, quant à lui, témoigne d'une performance acceptable dans un contexte européen et des progrès constatés. Le niveau 3 assure d'un avantage concurrentiel certain en termes de performance en Qualité, Coûts, Délais.

Un roadmap se présente sous forme d'une matrice avec les niveaux en colonnes, les critères en lignes et aux intersections, les exigences attendues par critère en fonction du niveau. Pour chaque niveau et chaque critère, les exigences ont été définies à partir des observations réalisées auprès de référentiels.

Pour définir les roadmaps, l'équipe commence par compléter le niveau maximum, c'est-à-dire la perfection. À partir de là, il s'agit de dégrader les différents niveaux. Si l'on peut mettre en place quatre étapes avant le niveau maximum, le roadmap contiendra cinq niveaux, sinon quatre. Un point très important est de bien *marquer l'évolution des critères* d'étape en étape.

Exemple de roadmap pour les flux de production,
avec les exigences demandées pour chaque niveau

CRITÈRES	1er NIVEAU	2e NIVEAU	3e NIVEAU	4e NIVEAU	5e NIVEAU
FLUX DE PRODUCTION	❏ Les produits sont poussés vers l'aval.	❏ Les niveaux des en-cours (min/max) sont définis pour chaque machine et chaque famille de produits. ❏ Les en-cours sont mesurés. ❏ Les machines flexibles sont identifiées.	❏ Des chantiers pilotes sur le système en flux tirés sont lancés. Les délais garantis entre postes de travail sont définis. ❏ Certains postes de travail sont synchronisés. ❏ Des chantiers SMED sont lancés sur les machines ayant de la flexibilité.	❏ La réduction des en-cours est réalisée dans certains secteurs. ❏ Les en-cours des ateliers pilotes sont maîtrisés. Les causes de dérives sont analysées. ❏ Les ateliers en flux tirés sont généralisés.	❏ L'ensemble de la production respecte totalement les principes du flux tiré (lorsque possible).

Chaque grille, pour chaque outil, est créée sur la base d'une trame standard mesurant l'importance du déploiement de la démarche.

Avant tout, il s'agit de déterminer où l'on se place. Il n'existe pas de processus type, les roadmaps laissant une certaine liberté d'évaluation. Toutefois, les principes à prendre en compte sont les suivants : l'auto-évaluation est un travail de groupe, il s'agit de trouver un accord collectif; la cotation des grilles doit refléter la réalité du terrain; il est souhaitable d'associer des experts locaux à la démarche.

Pour cela, le chef d'équipe dispose d'une feuille de synthèse qui récapitule les différents axes, le niveau atteint pour chacun, les objectifs de progression et les actions de progrès à développer.

Présentation de la feuille de synthèse en vue des plans d'actions

Axe	Niveaux atteints 1 2 3 4	Objectifs	Actions de progrès
Flux de production	X	Niveau : 2 Délai : déc. 07	☐ ☐ ☐

Les actions de progrès correspondent aux actions définies dans le road-map associé à l'outil. Par exemple, pour la maîtrise des flux de production, l'objectif est de passer au niveau 2, d'ici décembre 2007. Les actions à entreprendre concernant le niveau de management souhaité sont : les niveaux des en-cours sont définis et doivent être mesurés, les machines qui peuvent être flexibles sont identifiées… Une fois que ces démarches auront été constatées et reconnues, les flux de production seront aptes à acquérir le niveau 2 du roadmap.

Exemple de tableau roadmap de synthèse

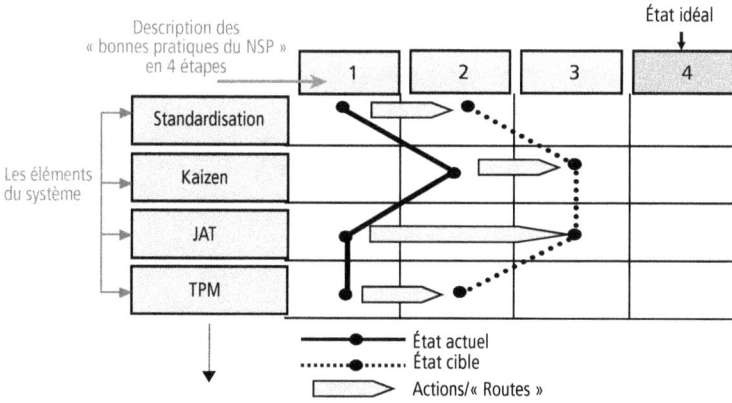

Rôle du chef d'équipe

Les roadmaps sont réalisés par la direction de l'usine. La période de production doit être cohérente avec celle de prise de décisions concernant l'orientation stratégique et les objectifs de progrès à venir. Les roadmaps peuvent constituer un élément décisif pour le diagnostic initial nécessaire à la mise en place du déploiement d'objectifs et de plans d'actions.

Le manager de proximité a pour rôle de faire respecter les objectifs, de communiquer sur les objectifs visés et surtout de veiller à l'application des actions à mener en vue d'atteindre le niveau souhaité.

Partie 4

Être porteur d'un système : les méthodes industrielles appliquées aux processus de vente et d'après-vente

Chapitre 13

Diagnostic

Nous venons de parcourir ce que peut apporter la notion de système dans le domaine de la production et comment celle-ci contribue à l'action des managers de proximité au travers de l'application de démarches, de méthodes et d'outils. Ces best practices, qui ont fait leurs preuves et qui sont souvent le fait d'échanges au sein d'un groupe métier qui les a analysées et validées, peuvent être transférées du monde industriel au monde commercial et, plus particulièrement, au domaine du service. C'est le Lean Service.

L'approche systémique est là aussi utilisée. Elle définit les interactions entre composantes et acteurs du service. Certains experts du monde du service, comme l'Academy ACCOR, ont l'habitude de parler de «servuction», contraction des mots «services et production».

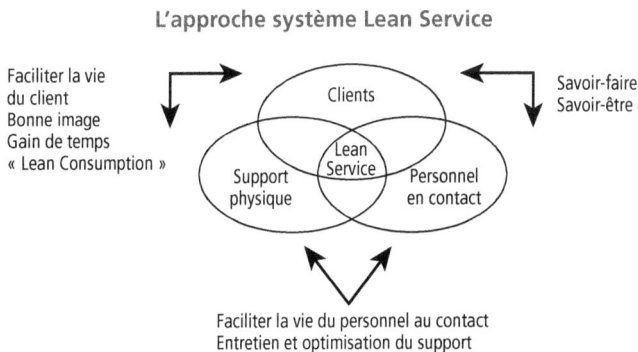

L'approche système Lean Service

Faciliter la vie
du client
Bonne image
Gain de temps
« Lean Consumption »

Clients

Lean
Service

Support
physique

Personnel
en contact

Savoir-faire
Savoir-être

Faciliter la vie du personnel au contact
Entretien et optimisation du support

Concrètement il s'agit d'optimiser l'efficacité des services. En fait, la qualité des services est souvent aujourd'hui l'élément différenciateur entre deux entreprises.

Le consommateur a changé. Il est plus exigeant, plus individualiste et veut être reconnu et traité comme un individu à part entière. Le paradoxe du consommateur est que plus l'offre de produits et de services se diversifie, plus le processus de consommation est long, fastidieux et créateur de stress.

Or, le temps est devenu le bien le plus précieux de vos clients. Le temps consacré par vos clients à l'ensemble du processus de consommation va permettre de mesurer la qualité de votre offre du point de vue de celui-ci. Prendre en compte l'ensemble du cycle de consommation oblige à mieux intégrer toute l'activité de l'entreprise apportant une valeur au client : la conception, la vente, l'installation, la maintenance et le remplacement.

Le Lean Service va s'appuyer sur un nouveau paradigme, la «Consommation Lean».

Quels en sont les principes de base?

- Ne gaspillez pas le temps de votre client.
- Répondez exactement à l'attente de votre client, où il le veut, quand il le veut.
- Assurez-vous que votre offre s'intègre dans l'environnement de votre client.
- Améliorez en continu votre offre et vos processus pour anticiper les attentes de vos clients.

C'est sur la base de ces principes que vous pourrez optimiser votre offre et vos processus de services, grâce au Lean Service.

Il s'agit souvent de créer et de pérenniser, pour des réseaux de distribution diffusant des produits de marque, un avantage concurrentiel en satisfaction client. Cette pérennisation est obtenue par une rupture sur les processus clés touchant les parcours clients en vente et en après-vente, ainsi que par l'efficacité de l'entretien et de la réparation.

Pourquoi ce besoin de rupture? C'est la plupart du temps le résultat d'un constat : le niveau de satisfaction client apparaît médiocre et fluctuant, la rentabilité perfectible, les surfaces et les flux sont mal optimisés et le management n'est pas au niveau souhaité. L'enjeu est d'améliorer la qualité de service au client en optimisant les résultats financiers de l'entreprise. On peut s'interroger sur ce que l'on entend par «qualité de service».

Définition de la qualité de service

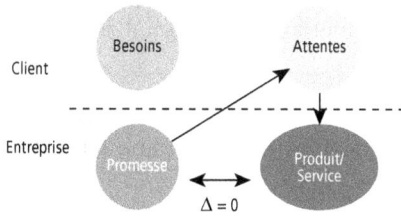

Une définition courante est l'absence d'écart entre la promesse faite au client et le service rendu par l'entreprise.

Comment améliorer la qualité de service ou rattraper rapidement un retard? C'est le nouveau challenge pour de nombreuses entreprises. Il passe par un diagnostic approfondi et l'utilisation de méthodes industrielles. La condition de départ est de bien définir la problématique et les attentes du client.

Comment écouter le client? Au-delà des études et des enquêtes toujours utiles et des remontées des forces de vente, une méthode efficace est d'organiser directement des «forums clients» qui permettent d'identifier, de regrouper et de prioriser ce qu'attendent vos clients en matière de service.

Le diagramme d'affinités évaluera l'importance de chaque attente aux yeux du client ainsi que la performance de l'établissement sur chacune de ses attentes.

Exemple d'une problématique client dans une concession automobile.

La problématique client

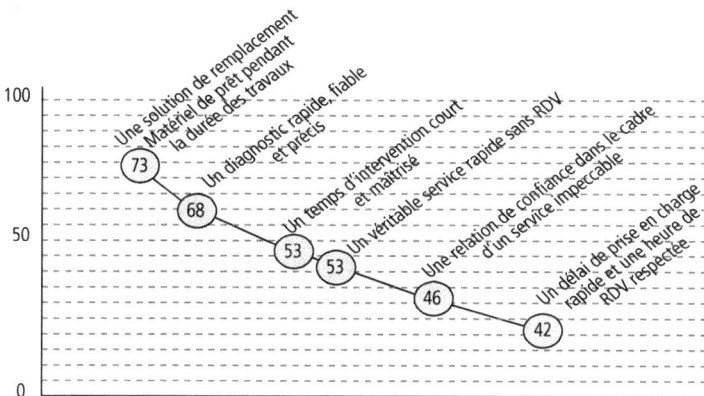

Après avoir identifié et exprimé ses attentes, chaque client les note sur une échelle de 1 à 3 (faible, moyenne, forte). Les notes des clients sont additionnées et l'on aboutit à un score total de points qui détermine les priorités.

Sur un diagramme, on peut également représenter l'importance des priorités clients et la performance de l'établissement sur ces attentes.

Groupe professionnel : diagramme importance – performance

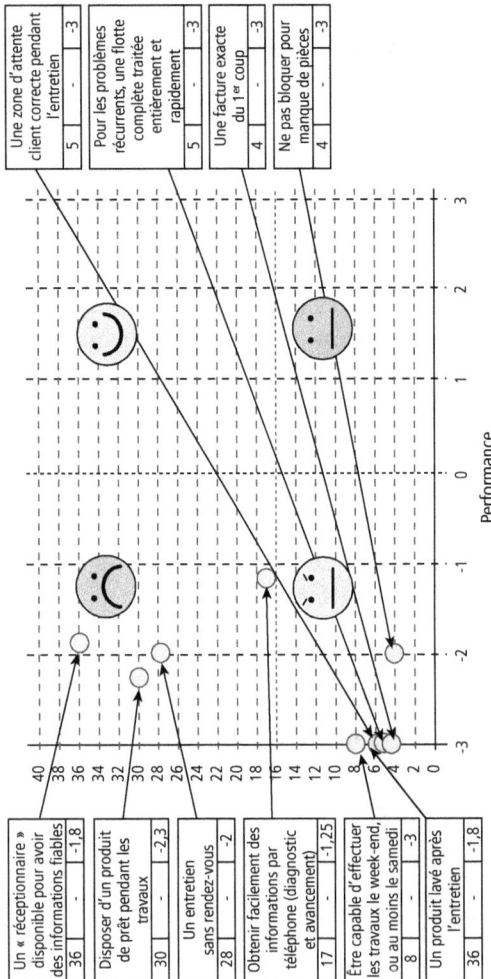

Labels du diagramme :

Attente	Importance	Performance
Une zone d'attente client correcte pendant l'entretien	5	-3
Pour les problèmes récurrents, une flotte complète traitée entièrement et rapidement	5	-3
Une facture exacte du 1er coup	4	-3
Ne pas bloquer pour manque de pièces	4	-3
Un « réceptionnaire » disponible pour avoir des informations fiables	36	-1,8
Disposer d'un produit de prêt pendant les travaux	30	-2,3
Un entretien sans rendez-vous	28	-2
Obtenir facilement des informations par téléphone (diagnostic et avancement)	17	-1,25
Être capable d'effectuer les travaux le week-end, ou au moins le samedi	8	-3
Un produit lavé après l'entretien	36	-1,8

Axe horizontal : Performance (-3, -2, -1, 0, 1, 2, 3)

Axe vertical : 40, 38, 36, 34, 32, 30, 28, 26, 24, 22, 20, 18, 16, 14, 12, 10, 8, 6, 4, 2, 0

Si la problématique client est indispensable, il est également crucial d'avoir la participation de tous.

D'autres forums de discussions peuvent être organisés pour mesurer la perception des chefs d'unité ainsi que celle du personnel.

La problématique chefs d'unité

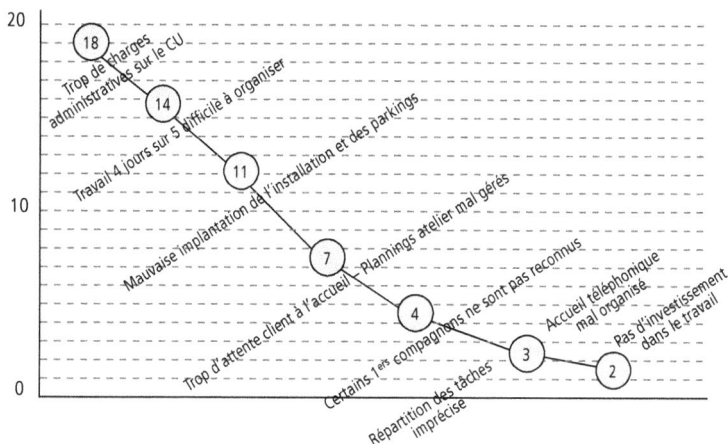

La problématique opérateurs

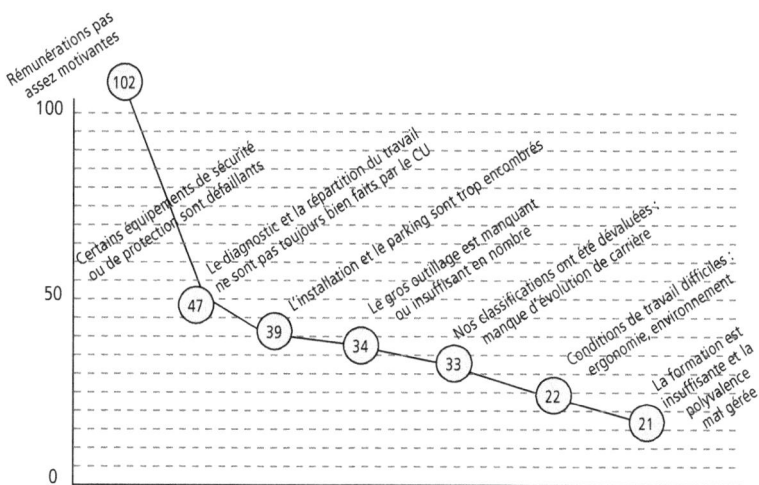

C'est en intégrant ces trois problématiques, clients, chefs d'unité, opérateurs, renforcées par l'appui et l'implication totale du management, qu'un projet de rupture pourra être lancé.

La participation de tous, à travers ces forums de discussions, est la condition *sine qua none* pour que le projet soit lancé dans de bonnes conditions et pour que chacun soit impliqué. Une autre source précieuse d'information est le recours à la pratique de parcours clients chez ses principaux concurrents ou des actions «client mystère» sur son établissement, afin d'évaluer sa propre performance service.

Les forums

Définition générale

Les forums sont des rencontres organisées soit avec des membres du personnel, soit avec des clients, pour débattre de points à améliorer sur la qualité des services proposés.

Pourquoi les forums

Dans une démarche de satisfaction client, lors de la phase d'analyse et de mesure, les forums sont des outils intéressants à déployer pour connaître et résoudre les problèmes rencontrés.

Quoi et comment

- *Forum clients* : des groupes d'une vingtaine de clients sont conviés pour des forums de 2 heures. L'objectif est de mettre en évidence les attentes clients. Il s'agit d'évaluer chaque attente des clients ainsi que la performance de l'établissement sur ces attentes. Les forums sont organisés par type de clients dans les locaux de l'établissement.

- *Forum personnel* : des groupes de 10 à 20 personnes sont réunis pour des forums de 1 h 30, généralement lors de la pause déjeuner. On peut en profiter pour proposer une collation. Les forums sont organisés par type d'activités, sans la présence de la hiérarchie. Il s'agit de recueillir et de hiérarchiser les problèmes qui surviennent dans le quotidien des salariés. Exemple de forum : «Quels sont les trois problèmes principaux que vous rencontrez au quotidien?»

- *Méthode* : lors des forums, l'outil utilisé est le diagramme d'affinités avec des post-it. Il permet de regrouper de manière consensuelle des idées, et de hiérarchiser des éléments prioritaires qui permettront d'orienter les actions futures. Ce diagramme concerne les problèmes non quantifiables :

  1. Mise en place de l'équipe.

  2. Choix et formulation claire du problème sélectionné collectivement.

  3. Production et création d'idées : inscription d'une idée par post-it.

  4. Clarification : collecte des post-it, idées lues à voix haute et reformulées si besoin. L'animateur regroupe les post-it par affinité.

Pour chaque groupe de post-it, il faut trouver un titre et chercher une formulation concise.

5. Classer les groupes par ordre d'importance : chaque participant donne son avis en notant les groupes de 3 (plus important) à 1 (non pas le moins important mais le moins prioritaire). Les participants cherchent alors des solutions ensemble aux problèmes soulevés.

Bénéfices

Améliorer la qualité de l'offre. Adapter l'offre à la demande client. Développer des solutions.

ZOOM SUR...

le rôle du manager de proximité

Il pilote ou participe directement ; analyse les résultats et collabore au plan d'actions qui en découle.
Il représente un élément moteur dans la mise en place des actions correctives.

Le parcours client ou client mystère

Définition générale

Se mettre à la place du client pour mesurer les forces et faiblesses de ses concurrents et également leur image concurrentielle.

Pourquoi les clients mystères

Pour évaluer la qualité de son offre produits et services et les bons comportements commerciaux.

Quoi et comment

Aller visiter un établissement concurrent, de préférence soi-même.

Se comporter comme un client habituel (ce qui sous-entend connaître un minimum les produits) qui souhaite être informé, ou acheter ou prendre rendez-vous.

Le parcours client en vente

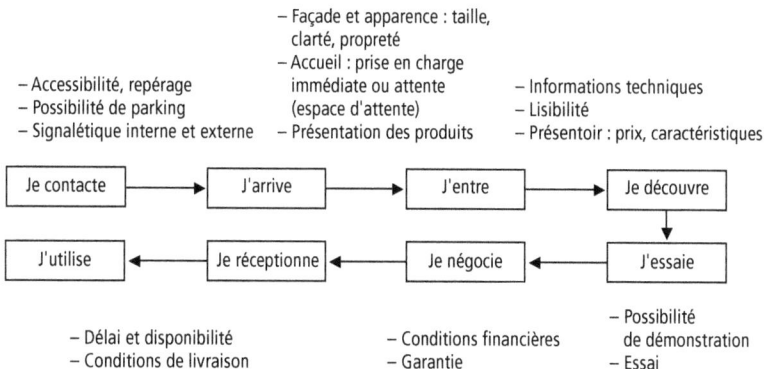

– Façade et apparence : taille, clarté, propreté
– Accueil : prise en charge immédiate ou attente (espace d'attente)
– Présentation des produits

– Accessibilité, repérage
– Possibilité de parking
– Signalétique interne et externe

– Informations techniques
– Lisibilité
– Présentoir : prix, caractéristiques

Je contacte	→	J'arrive	→	J'entre	→	Je découvre

J'utilise	←	Je réceptionne	←	Je négocie	←	J'essaie

– Délai et disponibilité
– Conditions de livraison

– Conditions financières
– Garantie

– Possibilité de démonstration
– Essai

Bénéfices

- Apprécier la performance globale de ses concurrents et comparer sa propre entreprise.
- Identifier ses forces et ses faiblesses.

- Définir et mettre en place un plan d'actions avec ses collaborateurs pour corriger les différences relevées.
- Modifier ses propres comportements pour améliorer la satisfaction client.

ZOOM SUR...

le rôle du manager de proximité

Il doit «sortir de son quotidien» et avoir un regard extérieur pour juger de sa performance et apprécier le potentiel de ses concurrents.

Chapitre 14

Les méthodes

LES « 5S » GÉNÉRALISÉS AUX SERVICES

La méthode des « 5S » a été détaillée précédemment pour son application dans l'industrie. Néanmoins, les « 5S » peuvent aussi jouer un rôle dans les processus de services tels que la vente ou l'après-vente, domaines qui vont servir d'illustration dans ce chapitre.

Pour rappel, les « 5S » proviennent de cinq mots japonais désignant les termes suivants : Débarras, Nettoyage, Rangement, Ordre et Rigueur. Il s'agit donc de débarrasser, de ranger et d'organiser son lieu de travail pour le rendre propre, agréable et efficace.

Démarche

Comme lors d'un chantier « 5S » dans une usine, les employés, vendeurs, techniciens en après-vente sont responsables de leur espace de travail. Il paraît alors judicieux de mettre en place des chantiers « 5S » pour garantir un environnement agréable pour chacun.

Un vendeur, dans son espace de vente, va s'assurer que l'accès à l'entrée est dégagé et bien indiqué, que l'endroit est propre et les espaces de présentation des produits bien rangés, que la signalétique est claire.

Le technicien d'un service après-vente est responsable de son poste de travail, il s'assure quotidiennement de sa propreté et pratique le tri des déchets. Au niveau de son espace, il faut prévoir des endroits où ranger les outils. Le technicien s'engage à ne pas les poser n'importe où, ni endommager le produit en les manipulant.

Les zones de travail, de circulation et de gestion des déchets doivent être indiquées au sol. Les zones spécifiques sont repérées par un panneau. Les murs et les sols sont en bon état : l'environnement d'accueil est le premier contact du client avec l'entreprise.

Installation de poubelles pour le tri

Chaque poste de travail possède son propre outillage

Par ailleurs, la mise en place des «5S» responsabilise l'ensemble du personnel : le management attend d'eux une implication forte dans ce processus.

Bénéfices

Plusieurs bénéfices sont observables, concernant le personnel mais également les clients :

- fidéliser le client par une bonne image du magasin : dès l'arrivée, si les places de stationnement sont bien indiquées et accessibles, le client se sentira bien accueilli ;
- rendre le client serein et plus réceptif au discours du vendeur ;
- améliorer l'efficacité du personnel en clarifiant son environnement de travail ;
- impliquer et responsabiliser les collaborateurs ;
- contribuer à leur épanouissement.

Rôle du manager de proximité

Le responsable d'équipe ou le chef d'atelier sont les garants de la bonne tenue de leur espace. Ils vérifient régulièrement l'état de leur périmètre, signalent les anomalies et veillent à leur correction. Le chef d'atelier, chaque soir, s'assure que l'espace client est propre et rangé, que la documentation destinée au client est en cours de validité, qu'il n'y a pas de produit endommagé à la vue du client.

L'œil du client

La vision que le client a en entrant dans un espace de vente est primordiale. Les premiers contacts qu'il noue avec l'environnement doivent être positifs pour le mettre en situation de confiance et ainsi favoriser ses achats. Des enquêtes clients peuvent mesurer leur satisfaction vis-à-vis de l'aménagement des espaces. Il s'agit ensuite d'en tenir compte et de faire en sorte que la qualité et la tenue de l'établissement soient irréprochables.

Exemple de points à évaluer :

	Présence constatée	Bon état/ Bien entretenu	Respect des normes	Clairement identifié	Bonne visibilité	Commentaires
Accueil						
Banque accueil						
Personne à l'accueil						
Produits en exposition						
Propreté des produits						
Produits facilement accessibles						
Affichage des prix						
Bureau des vendeurs						
Bureau autonome						
Sièges visiteurs et vendeur						
Revêtement au sol propre						
Secrétariat						
Mobilier						
Ambiance intime						

.../...

	Présence constatée	Bon état/ Bien entretenu	Respect des normes	Clairement identifié	Bonne visibilité	Commentaires
Espace d'attente						
Espace convivial						
Sièges/Salon						
Présence de boissons/presse						
Ambiance sonore						
Son de bonne qualité						
Entretien général						
Toilettes						
Éclairage						
Murs/Sols/Vitres propres						
Signalétique						
Marquage de l'entrée						
Panneau « Bienvenue »						
Enseigne de la marque						
Affichage des horaires						
Accessibilité						
Panneau de présignalisation						
Parking à disposition						
Service après-vente						
Accueil						
Signalétique visible						
…						

Flux clients/produits et optimisation des implantations

Lors de la réalisation d'enquêtes client sur les conditions d'accueil, de conseil, de contact et de restitution de produits, les problèmes suivants peuvent se présenter :

- difficulté à s'orienter ;
- longues files d'attente ;
- client stressé par un environnement peu accueillant ;
- promesse au client pas toujours tenue ;
- relationnel client pas efficace.

Le Lean Service a pour objet d'appliquer le Lean Manufacturing au domaine des services. Le principe est de *traquer la non-valeur ajoutée* en partant du postulat «Le client ne veut pas payer ce qui ne lui apporte rien». Il s'agit alors de chercher où est la valeur créée pour le client et d'établir une cartographie. À partir de celle-ci, des groupes de travail sont constitués qui doivent réfléchir à la réimplantation des ateliers, à une nouvelle organisation du parcours clients.

La méthode est *participative* : la recherche de l'optimisation est assurée par les salariés de l'unité commerciale. L'idée est de prendre en compte de plus en plus l'avis des acteurs mêmes de l'entreprise, de les mettre en situation et de les responsabiliser.

L'analyse des flux et des implantations se révèle nécessaire pour mettre en valeur les opérations de non-valeur ajoutée, comme les attentes et les déplacements inutiles. L'analyse de flux fait ressortir les pertes de temps ; son objectif est de conduire directement à une réimplantation de l'accueil clients, des ateliers après-vente et une optimisation du circuit client.

La segmentation des flux est un aspect essentiel pour les gains en Qualité, Coûts, Délais. En effet, il s'agit de regrouper entre eux les flux de même nature, c'est-à-dire de même durée et avec le même déroulement.

Un exemple simple : sur une autoroute, chaque type de véhicule circule sur la voie appropriée, les véhicules lents à droite, les voitures au milieu. Les flux de circulation sont respectés en fonction des moyens de chacun et permettent une meilleure fluidité du trafic. Il est évident que si tout le monde circulait sur la voie de droite, le trafic et la vitesse d'écoulement seraient fortement réduits.

Ci-dessous, dans l'atelier service après-vente d'une concession automobile, on constate que 79 % des clients représentent 27,5 % du nombre d'heures travaillées. On distingue quatre types d'interventions :

- A sont des interventions de 45 minutes maximum. Pour 645 entrées constatées, ces interventions représentent 1,5 % du temps travaillé par les 12 techniciens, soit le temps de «0,18 personne». Ces interventions sont traitées en 1 jour en moyenne.

- B sont les interventions de 45 à 120 minutes. Pour 1 000 entrées constatées, elles représentent 6,7 % du volume horaire des salariés, soit «0,83 personne». Elles sont traitées en 1 jour en moyenne.

- C sont des interventions de 120 à 480 minutes, elles nécessitent 19,2 % du temps de travail des techniciens, soit «2,83 personnes». Ces interventions sont traitées en 1 jour en moyenne.

- D sont les interventions longues, de plus de 8 heures, traitées en moyenne en 6 jours. Elles représentent 21 % des clients mais à elles seules 72 % du temps travaillé, soit 9 personnes.

Segmentation des opérations

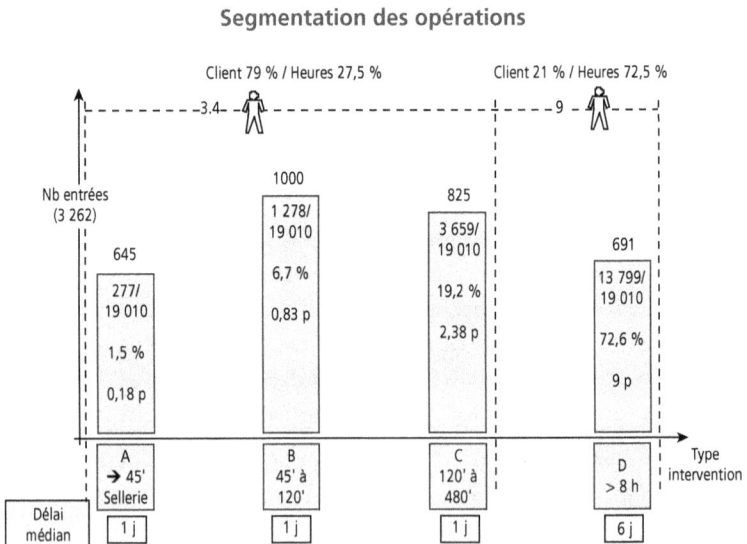

L'exemple témoigne de l'intérêt de connaître la segmentation des opérations afin d'optimiser ses implantations et ses flux clients/produits dans la perspective d'une meilleure fluidité, vitesse et allocation des ressources.

Démarche pour l'optimisation des implantations

La problématique du chef d'unité

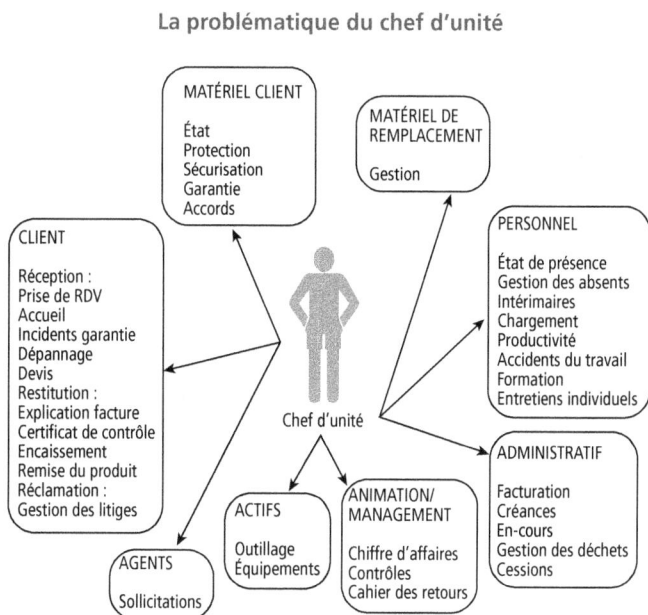

Le chef d'unité a pour mission de coordonner et d'optimiser tous les paramètres présentés dans le schéma ci-dessus.

L'optimisation des implantations concerne d'une part le *front office* : la signalétique, l'implantation de l'accueil et des parkings, l'organisation au niveau des Ressources Humaines ; d'autre part le *back office* : dimensionnement des postes de travail, segmentation des flux.

Concernant le front office

L'exemple suivant montre la réimplantation de la banque d'accueil d'un atelier de service après-vente du secteur automobile.

Avant la réimplantation, le client devait traverser tout l'atelier pour avoir accès à la réception, ce qui pouvait gêner les techniciens dans leur travail mais également provoquer des accidents si l'atelier était encombré et mal rangé. Suite à une réflexion en groupe, l'équipe a décidé d'installer la réception à l'entrée de l'atelier, ce qui facilite les relations avec les clients.

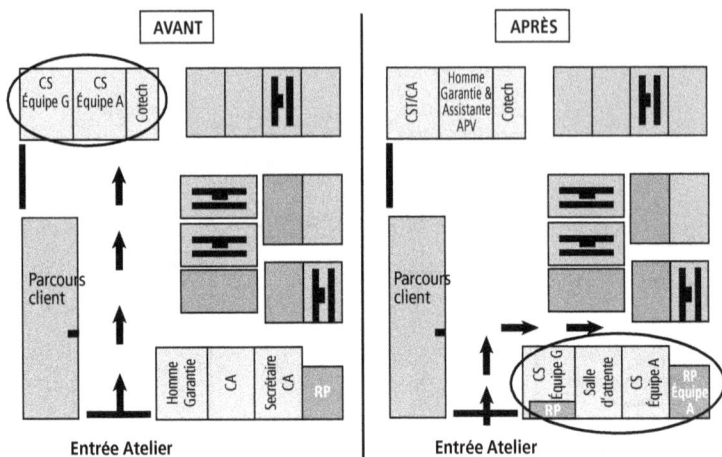

Par ailleurs, la réimplantation de l'espace concerne également les places de stationnement et l'accessibilité. L'exemple suivant montre la création de places de parking et d'un salon d'accueil dédié aux clients.

Création de places de parking client à proximité des comptoirs de réception

Création d'un salon d'attente pour les clients à proximité de la réception

Concernant le back office

La réimplantation du poste de travail est indispensable dans la recherche de gains de temps et de productivité.

Il s'agit d'étudier les déplacements du technicien autour du produit, l'exemple suivant montre les déplacements d'un technicien d'un service après-vente autour d'un véhicule. La réduction des déplacements génère :

- un gain de productivité conditionné à un chargement cohérent de l'activité du compagnon ;
- une amélioration de la qualité des travaux par la réduction des interruptions.

Exemple de réduction du nombre de déplacements effectués par un technicien autour d'un véhicule en service après-vente, et ce, grâce à une réimplantation du poste de travail :

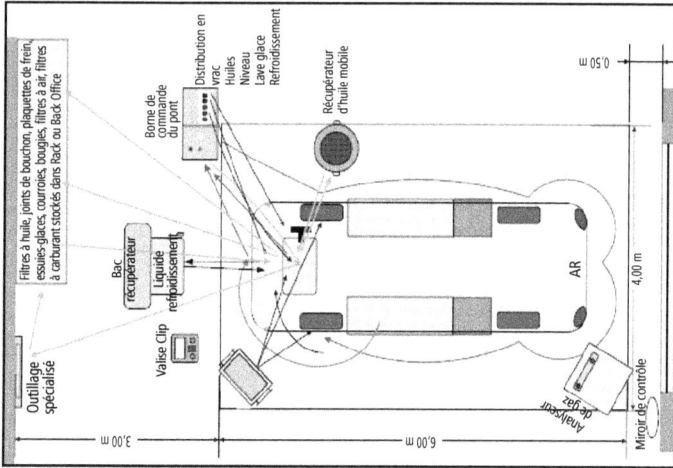

La réduction des mouvements

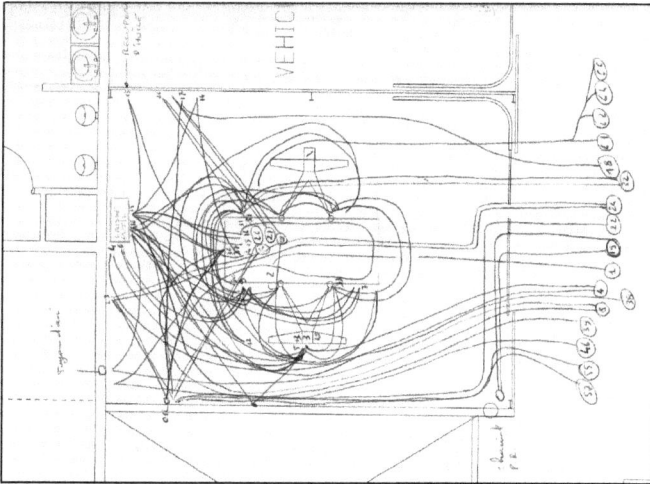

Exemple de réaménagement des postes entretien des postes de travail :

Cas de quatre postes les uns en face des autres.

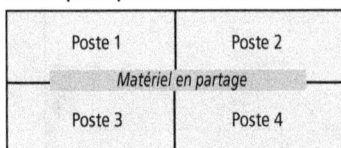

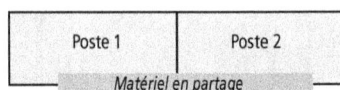

Poste 1	Poste 2
Matériel en partage	
Poste 3	Poste 4

Poste 1	Poste 2
Matériel en partage	

Cas de deux postes face à un mur.

En fonction de l'activité atelier, un ou plusieurs postes entretien peuvent être aménagés. Dans ce cas, le matériel peut être mis en commun, et réduire ainsi le coût d'aménagement par poste.

Démarche pour l'optimisation des flux clients

Une méthode servant à mesurer l'attractivité d'un établissement consiste à comptabiliser le nombre de clients pénétrant dans l'enceinte de l'espace de vente et surtout à regarder où sont les zones «chaudes» et les zones «froides». Les zones chaudes sont celles où les clients se dirigent naturellement et les zones froides sont celles moins attractives.

La réimplantation peut alors concerner l'aménagement de l'unité commerciale du point de vue du client avec par exemple le parcours type qu'il doit suivre pour accéder à certains produits, le faire passer par toutes les salles ou rayons et, pourquoi pas, faire en sorte de le guider de l'entrée à la sortie, comme le fait une grande enseigne de l'ameublement. De fait, en circulant entre les différents rayons parmi les différents produits, le client sera tenté d'acheter plus facilement. Et ce d'autant plus si les produits sont mis en valeur par des mises en scène appropriées.

Quelques règles à respecter concernant les flux du front office :

- avoir un parcours client clair pour arriver dans l'établissement;
- dédier une aire spécifique au parking client le plus proche possible de la réception;
- veiller à laisser des places de parking client disponibles;
- marquer au sol les places de parking client;
- dédier une aire spécifique à la réception;

- garantir une signalétique claire des réceptions dans l'espace de vente;
- veiller à ce que le flux client ne rentre pas dans l'atelier Service Après-Vente.

Quelques règles à respecter pour les flux du back office :

- éviter autant que possible les croisements de flux;
- privilégier la réduction des distances sur les flux courts;
- installer les postes flux courts et les postes diagnostic au plus près du bureau de réception pour le service après-vente;
- identifier clairement les zones au sol (postes de travail, sens de circulation);
- dédier au maximum des emplacements intérieurs aux postes productifs;
- dimensionner le nombre de postes de travail suivant le standard défini;
- réduire les en-cours de produits à traiter.

ANALYSE ET OPTIMISATION DES POSTES DE TRAVAIL

Suivant l'exemple de l'après-vente, il est indispensable que, à l'image des postes de travail en industrie, les postes de travail dans les services soient efficaces et bien tenus.

L'organisation

Dans l'atelier, chaque technicien dispose d'un poste de travail, de ses propres outils et, si cela est possible, d'une connexion avec l'intranet pour connaître les mises à disposition de pièces et passer les commandes.

Dans la pratique, le technicien doit respecter des règles pour être en conformité avec l'image de l'entreprise et avec les normes de sécurité. Il doit porter les vêtements qui permettent de l'identifier et les équipements de protection nécessaires.

Exemple d'analyse d'un poste de travail d'un service après-vente dans le secteur de l'automobile, mis aux normes de sécurité :

AVANT	APRÈS
Problème :	**Amélioration :**
Pièces au sol : risque qualité, sécurité et ergonomie.	**Meuble de rangement pour gros travaux :** – Avec plateaux pleins amovibles pour pièces de tailles différentes. – Possibilité de mettre des supports en partie haute pour ranger les boucliers.

Les outils : « rouge-vert » et l'ergonomie

Pour parvenir à optimiser le poste de travail, deux paramètres sont essentiels :

- Conformément à l'esprit du *Lean Service*, la méthode *rouge-vert* recherche et élimine les opérations à non-valeur ajoutée. Cette méthode provient directement des services de production.

- L'*ergonomie* des postes de travail améliore l'efficacité et la productivité des techniciens. Il s'agit d'étudier leur disposition et de réfléchir à leur optimisation.

La *méthode « rouge-vert »* (détaillée dans la fiche n°8) : appliquée aux services, elle s'adresse aux aspects techniques des services, en l'occurrence dans l'exemple du chapitre, au service après-vente.

Il s'agit de détailler l'ensemble des étapes d'une opération, par exemple, le changement de deux pneus avant. Chaque déplacement a été noté en fonction du nombre de pas effectués par le technicien. L'objet de cet exemple était la réimplantation des poubelles et des outils, de façon à gagner du temps.

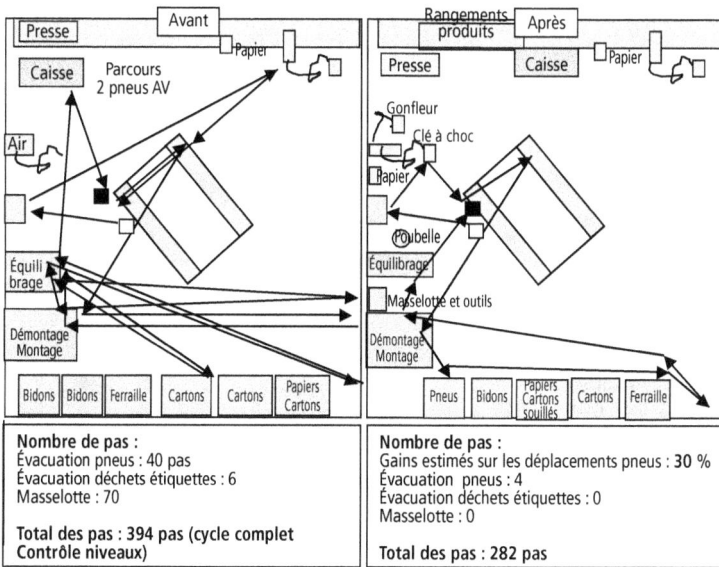

L'*ergonomie* consiste à observer scientifiquement les comportements et les attitudes du personnel de façon à trouver des solutions aux problèmes rencontrés. Cela concerne aussi bien des problèmes physiques que psychologiques. Dans tous les cas, ce sont des difficultés qui agissent sur la santé du collaborateur. Un *poste de travail ergonomique* sera celui qui prend en compte les contraintes habituelles physiques et morales associées au poste et contribue à les réduire ou les maîtriser.

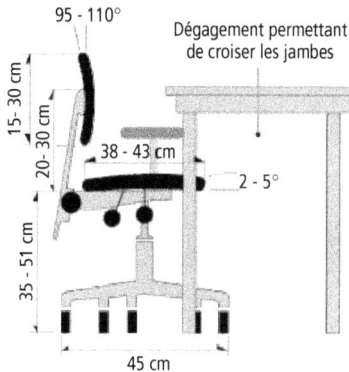

185

Un premier exemple d'ergonomie est le siège d'une personne sédentaire, comme une hôtesse d'accueil. Le bon réglage du siège en hauteur, en profondeur d'assise, en écartement des accoudoirs… évite le mal de dos, diminue l'effet de jambes lourdes. De même, si l'écran d'ordinateur est bien réglé en hauteur, la fatigue visuelle sera diminuée.

Un deuxième exemple, l'organisation de deux postes de travail dans un garage. Le réaménagement tient compte des contraintes liées à un espace ergonomique : les outils à disposition, éviter de se lever ou de se baisser inutilement en rendant accessibles les produits et outils.

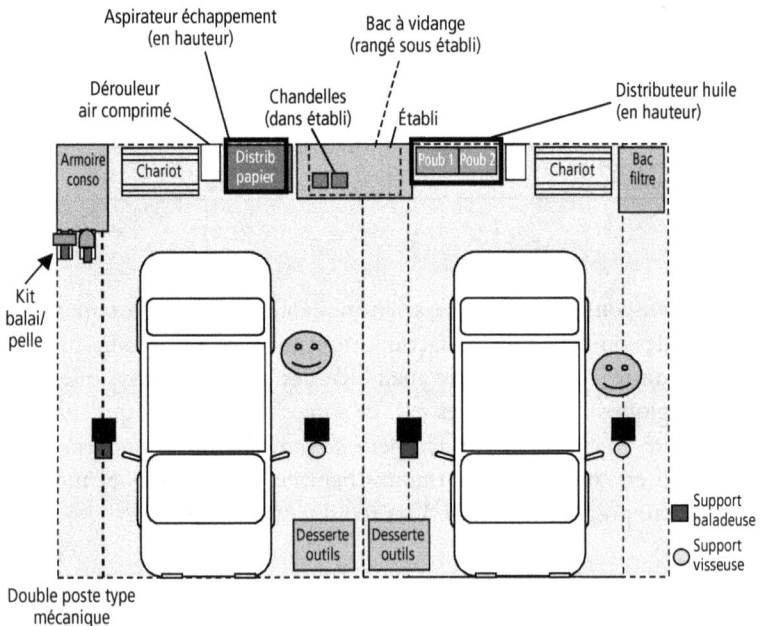

Aspirateur échappement
(en hauteur)

Bac à vidange
(rangé sous établi)

Dérouleur
air comprimé

Chandelles
(dans établi)

Établi

Distributeur huile
(en hauteur)

Armoire conso — Chariot — Distrib papier — Poub 1 Poub 2 — Chariot — Bac filtre

Kit balai/ pelle

Desserte outils — Desserte outils

Support baladeuse
Support visseuse

Double poste type mécanique

Bénéfices

Les bénéfices constatés :

- amélioration de la productivité des ateliers de réparation ;
- sécurité du personnel assurée ;
- amélioration de la qualité de réparation.

Rôle du manager de proximité

Le chef d'atelier est chargé de suivre la productivité des différents ateliers, de suivre son équipe, notamment en relevant et analysant le taux d'absentéisme. Il doit :

- avoir une idée claire de la situation de l'atelier en termes de satisfaction client, de coûts et de propreté ;
- avoir des objectifs bien définis et inchangés ;
- prioriser les actions ;
- définir les pilotes des actions ;
- observer régulièrement la bonne exécution des Standards d'Activités Métiers liés à ces actions.

STANDARDISATION DES ACTIVITÉS MÉTIERS ET PÉRENNISATION

Les principes de la standardisation ont été largement développés précédemment puisqu'il s'agit d'un des piliers des Nouveaux Systèmes de Production. Pour rappel, la standardisation consiste à définir un modèle de référence qui sera appliqué de façon systématique pour la même activité. Ce modèle est développé conjointement par le manager et les personnes de son équipe concernées par l'activité en question.

Cependant la standardisation n'est pas réservée qu'aux domaines techniques et peut être parfaitement adaptée dans les services. Lors d'un processus de vente, des Standards d'Activités Métiers (SAM) vont être mis en place par le manager et ses vendeurs.

L'objectif est d'améliorer la satisfaction client en normalisant les bonnes pratiques et en les appliquant régulièrement. Par ailleurs, les situations à problèmes génèrent des pertes de temps : la standardisation contribue à réduire la fréquence de ces situations.

Démarche

La standardisation des opérations répétitives s'applique à différents métiers : le conseiller service, le responsable de production, la téléactrice, le contrôleur qualité…

À chaque étape du processus de «vente client» des opérations récurrentes peuvent être standardisées :

- la prospection;
- l'accueil client;
- l'identification des besoins;
- l'offre commerciale;
- la prise de commandes;
- la préparation de la livraison;
- la livraison client;
- la post-livraison;
- la fidélisation.

Plusieurs activités par métier ont leur standard. Par exemple :

- une téléactrice : l'accueil du client, la prise de rendez-vous, la préparation du dossier client...
- un responsable production, en après-vente : chargement des travaux, suivi des travaux, facturation...
- un conseiller service : accueil du client, diagnostic, engagement prix et délais; plus tard dans le processus client : suivi du dossier client, restitution du produit.

Les Standards Activités Métiers sont rédigés par le hiérarchique et les collaborateurs concernés par l'activité. Les SAM :

- décrivent l'enchaînement des actions avec précision;
- sont construits pour être applicables pour tous les clients, tous les produits, tous les travaux, tous les jours;
- donnent la meilleure façon de faire, c'est-à-dire la plus efficace;
- respectent les règles de l'entreprise et sont adaptés à leur environnement;
- s'adaptent aux contraintes de l'établissement : horaires d'ouverture, effectifs, structure de l'atelier.

Une fois les SAM définis, les collaborateurs doivent s'approprier ces méthodes. Ils passent par une phase de *formation*. Le manager est chargé d'assurer cette formation : il explique le but de la standardisation, présente les standards, écoute les éventuelles remarques et apporte des modifications si nécessaire. Ensuite, la formation comprend trois phases, comme dans les Nouveaux Systèmes de Production :

- le manager exécute et le collaborateur observe : *je fais*;
- le collaborateur exécute et le manager corrige : *nous faisons*;
- le collaborateur fait en autonomie et une analyse est réalisée ensuite : *tu fais.*

Exemples :

Exemple d'un Standard d'Activité Métier. Toutes les étapes de *l'accueil du client au téléphone* : de la réception de l'appel au transfert à l'interlocuteur.

Standard d'Activité Métier — Accueillir le Client au téléphone — Page 1 / 4

Nom du process : Accueillir le Client au téléphone
Acteurs : Tous collaborateurs en contact téléphonique avec les Clients
? min
Responsable mise à jour : Chef de Vente
Indicateur(s) : QVN X.X / QVN ...
Moyens / Outils : Standard téléphonique, Support formaté, Organigramme et répertoire téléphonique de l'affaire, Planning des absences
Date de mise à jour : 15 / 09 / 06

No.	Étape principale	Point clé	Raison du point clé - Règles opératives et autres	Illustrations
1	**Réceptionner un appel**			
1.1	Avant de décrocher, interrompre toute communication parasite.			
1.2	Décrocher avant la 4ᵉ sonnerie.			
1.3	Prononcer la phrase d'accueil standard et se présenter : **bonjour, [Prénom Nom] à votre service. »**	En souriant au téléphone. En maîtrisant le débit, le ton, et l'articulation.	Pour que le Client perçoive qu'il est bien accueilli. Pour être sûr que le Client comprenne bien.	[Nom affaire] bonjour, [Prénom Nom] à votre service.
1.4	Noter le nom du Client dès qu'il se présente sur un support formaté.	Sur un support formaté.	Pour éviter au Client de lui faire répéter et pouvoir l'appeler par son nom.	En quoi puis-je vous être utile ?
1.5	Faire préciser l'objet de son appel en le notant sur le support formaté.			Support prise contact client

Établissement : _____

Réf. : 1-2 Accueil téléphonique.doc

Établissement : _____

Standard d'Activité Métier

No.	Étape principale	Point clé	Raison du point clé - Règles opératives et autres	Illustrations
1.6	Reformuler l'objet de l'appel si nécessaire.	En rassurant le Client.	Pour s'assurer que la demande a été bien comprise.	
2	**Répondre au Client**			
2.1	Répondre de manière précise à la demande du Client.	Employer un discours positif.		Nous allons trouver une solution… Je m'engage à vous faire essayer ce véhicule dans les 48 heures. Je vous rappelle dans l'heure qui suit pour convenir du rdv.
		Ne jamais mentir.	Pour ne pas se décrédibiliser : le Client est très souvent bien informé.	
3	**Si la personne n'est pas en mesure de répondre de manière précise. …**			
3.1	Identifier le bon interlocuteur.	En tenant compte : - des présences, - des compétences.	Pour ne pas faire perdre du temps au Client.	
3.2	S'assurer de la disponibilité de cet interlocuteur.	**Tout collaborateur en entretien avec un Client fait un renvoi d'appel.**	Pour ne pas déranger l'entretien avec un Client.	
	A - Si l'interlocuteur est disponible.			
1	Se présenter auprès de l'interlocuteur interne.			
2	L'informer du nom, prénom, et objet de la demande du Client.	En utilisant le support formaté.		

Réf. : 1-2_Accueil téléphonique.doc

Être porteur d'un système...

Établissement : _____

Standard d'Activité Métier

No.	Étape principale	Point clé	Raison du point clé - Règles opératives et autres	Illustrations
3	Reprendre l'appel du Client (au bout de 10 secondes max).	10 secondes d'attente max.		
4	Transférer l'appel du Client en indiquant au Client les nom, prénom, fonction de l'interlocuteur.			
B - Si l'interlocuteur n'est PAS disponible.				
1	Reprendre l'appel du Client (au bout de 10 secondes max).	10 secondes d'attente max.		
2	Si le délai d'attente est acceptable (moins d'1 minute), proposer au Client s'il souhaite patienter.	1 minute maxi de délai d'attente.	L'interlocuteur que vous demandez est actuellement occupé, souhaitez-vous patienter ?	
3	Proposer systématiquement au Client de le recontacter en lui demandant : - quand ? (date, horaire), - par quel moyen ? téléphone, e-mail, fax, visite, rdv, ...	Support formaté.	L'interlocuteur que vous demandez est actuellement occupé, je vous propose que vous me laissiez vos coordonnées pour qu'il vous rappelle dès qu'il sera disponible.	
4	Si le Client insiste pour attendre.			
1	Mettre la ligne en attente.	Bande sonore, musiques et messages institutionnels Renault.		
2	Reprendre l'appel toutes les 30 secondes et renouveler la proposition de prise de message et de rappel.	Support formaté.		

Réf : 1-2_Accueil téléphonique.doc

191

Standard d'Activité Métier

Page 4 / 4

Établissement : _____

No.	Étape principale	Point clé	Raison du point clé - Règles opératives et autres	Illustrations
3	**Prise de congé téléphonique**			
3.1	Prendre congé du Client (décrit dans l'étape 2 du SAM « **Prendre congé d'un Client** »).			

Ce qui est interdit et pourquoi : (Explication des possibles problèmes ou défauts)

Laisser un téléphone sonner lorsque l'on est à proximité.

Être impoli, manquer de courtoisie.

Ne pas sourire au téléphone.

Mâcher un chewing-gum, ou …

Poursuivre une conversation quand on prend un appel.

Oublier d'appliquer le standard de prise de congé téléphonique.

Comment traiter les anomalies : Items ou notes explicatives. Autres

Remarques importantes :

Tout collaborateur en entretien avec un Client fait un renvoi d'appel.

Les téléphones doivent être localisés dans un environnement favorable (bruit, passage).

Pour les communications internes, chaque collaborateur se présente lorsqu'il prend un appel « [Prénom, Nom] ».

Autre exemple d'un Standard d'Activité Métier. Toutes les étapes de la *prise de congé d'un client :* du remerciement à son départ.

Être porteur d'un système...

Standard d'Activité Métier

Établissement : _____

Page 1 / 2

Nom du process :	**Prendre congé d'un Client**		Indicateur(s) :	**QVN X.X / QVN ...**
Acteurs :	**Les collaborateurs VN en contact avec les Clients**			**Support formaté, Planning partagé**
	Responsable mise à jour : **Chef de Vente**	? min	Moyens Outils :	Date de mise à jour : **14 / 09 / 06**

No.	Étape principale	Point clé	Raison du point clé - Dessin explicatif - Règles opératives et autres
1	**Prise de congé physique.**		
1.1	Remercier le Client de sa visite.		Merci de l'intérêt que vous avez porté à ...
1.2	Informer le Client que l'on se tient à sa disposition à sa convenance.	Positionnement du contact dans le temps.	Je reste à votre entière disposition pour tout renseignement concernant...
1.3	Raccompagner le Client.	Respect du Client Courtoisie.	Pour affirmer notre image de respect du Client. Pour se donner la possibilité d'exploiter une dernière opportunité de négociation.
1.4	Prendre congé du Client.	Formule de politesse.	Mr DUPONT, je vous souhaite une bonne fin de journée. Au plaisir de vous revoir.

Réf : 1-4_Prendre congés d'un Client.doc

© Groupe Eyrolles

193

Standard d'Activité Métier

Établissement : _____

No.	Étape principale	Point clé	Raison du point clé - Dessin explicatif - Règles opératives et autres
2	**Prise de congé téléphonique.**		
2.1	Remercier l'interlocuteur de son appel.	Langage positif.	Madame, Monsieur [Nom du Client], je vous remercie de votre appel, et me tiens à votre entière disposition …
2.2	Assurer la prise de congé par une formule de politesse adaptée.	Langage personnalisé.	Je vous souhaite une très agréable journée. Au revoir Monsieur/Madame Dupré.

Ce qui est interdit et pourquoi :
(Explication des possibles problèmes ou défauts)

Fumer.

Mâcher un chewing-gum.

Avoir les mains dans les poches.

Avoir un langage négatif.

Comment traiter les anomalies :
Items ou notes explicatives. Autres

Remarques importantes :

Tenue vestimentaire adéquate.

Chasser les mauvaises odeurs (corporelles et environnementales).

Chaque collaborateur qui accompagne un Client vers un autre interlocuteur doit prendre congé du Client suivant ce standard.

Raccompagner un Client à la sortie où à son véhicule.

Le rôle du manager de proximité

Le manager est responsable de l'application systématique de ces standards et de leur mise à jour.

La qualité du service ne sera assurée que si le respect du SAM est avéré. Pour cela, le manager est tenu de mettre en place des contrôles régu-

© Groupe Eyrolles

liers afin de vérifier que les collaborateurs ne dérivent pas dans leur manière de faire. Par ailleurs, lorsqu'une nouvelle pratique, meilleure que la précédente est détectée, elle doit devenir la référence lorsque le manager l'aura validée. Il faut alors mettre à jour le SAM.

Bénéfices

Les gains attendus portent sur plusieurs points :

- Augmentation de la *satisfaction client* :
  - le service rendu est complet ;

  - plus de temps perdu ;

  - les délais sont tenus ;

  - la qualité de l'accueil est améliorée grâce à l'allégement des tâches administratives.

- Amélioration de *l'organisation du travail* :
  - plus d'efficacité grâce aux Standards d'Activités Métiers (SAM) ;

  - la réduction des délais ;

  - l'optimisation des postes de travail.

- Augmentation du *chiffre d'affaires* :
  - une bonne réception permet de détecter d'autres problèmes ;

  - l'organisation permet d'accueillir de nouveaux clients, avec le même effectif.

- Effets sur la *rentabilité* :
  - la chasse à la non-valeur ajoutée : augmentation de la capacité des outils industriels en après-vente ;

  - l'amélioration des postes de travail et de l'ergonomie.

Pérennisation

Il est essentiel de pérenniser les bonnes pratiques mises en place pour un environnement soigné. Le management doit prendre alors le relais : il s'agit de vérifier, de contrôler et d'assurer un suivi de l'application des «5S». Sans cela, les efforts fournis ne seront pas capitalisés. Pour cela, des audits «5S» peuvent être réalisés. À partir d'une feuille d'évaluation, chaque point est noté :

Fiche de cotation 5S Atelier Réparation
ENVIRONNEMENT SOIGNÉ : PROPRETÉ / SÉCURITÉ

Site audité : ....
Date : ....
Effectué par : ....

Note :

0	Inexistant
1 à 4	Insuffisant
5 à 6	Moyen
7 à 9	Bon
10	Excellent
Case blanche	Non concerné

Critères	Notes		Anomalies
Débarrasser		Séparer utile/inutile, adapté/inadapté, bien placé/mal placé	
Nettoyer		Nettoyer objets et environnement, redonner l'éclat du neuf	
Ranger		Chaque chose à sa place, ranger pour retrouver	
Ordre		Maintien constant de l'état de propreté gestion visuelle atelier	
Rigueur		Appliquer les règles définies	

	Critères	Critères de jugement	Notes
1	**Vision globale client** (quelle est ma 1re impression, me garer, trouver un interlocuteur, affichage client, ...)	En arrivant je trouve rapidement où me garer (marquage zone réception/restitution...). J'entre dans la réception quelle est ma 1re impression ? Tout l'environnement de la réception est dégagé, propre et rangé, l'affichage client à jour, etc.	
2	**Tenue de travail des personnels** (conformité, uniformité & propreté)	Les tenues des CS/RP/CU/compagnon sont propres, uniformes et à l'image de la marque. Les personnes en contact avec le client ont leur badge. Les protections individuelles (vêtements, chaussures) sont utilisées. Les protections pour travaux à risques sont utilisées.	
3	**Atelier (sols, murs)** (propreté, rangement, encombrement des allées, marquage au sol, affichage, ...)	Les allées sont dégagées, pas de cartons/véhicules. Pas d'objets inutiles (vieilles pièces, bidons...) qui traînent. Les affichages (techniques, information, signalisation) sont à jour, lisibles et en bon état. L'atelier est-il propre (absence de gras au sol/murs...)? La sciure est ramassée après absorption du polluant. Le marquage au sol (zoning) permet d'identifier rapidement le mode de rangement et il est respecté.	
4	**Matériel de nettoyage et poubelles**	Le matériel de nettoyage est-il rangé et accessible ? Est-il en nombre suffisant (1 panoplie / 2 compagnons) et en bon état ? Les poubelles sont identifiées, proches des postes. Elles ne débordent pas.	

À partir des notes, appelées «cotations», obtenues lors d'un audit, des améliorations doivent être envisagées avec notamment des plans d'actions 5S.

PLAN D'ACTIONS "5S" Plan d'actions rédigé suite audit du :		Atelier : Pilote :			
Problèmes rencontrés à la cotation	Solutions proposées	Responsable	Délai	Fait	Observation

D'autre part, un suivi de ces audits est nécessaire. Le manager de proximité tient des statistiques à partir des résultats des audits. En parallèle, des objectifs doivent être fixés. Ces graphiques doivent l'alerter dans le cas où les résultats se détérioreraient ou si les résultats ne correspondent pas aux objectifs attendus.

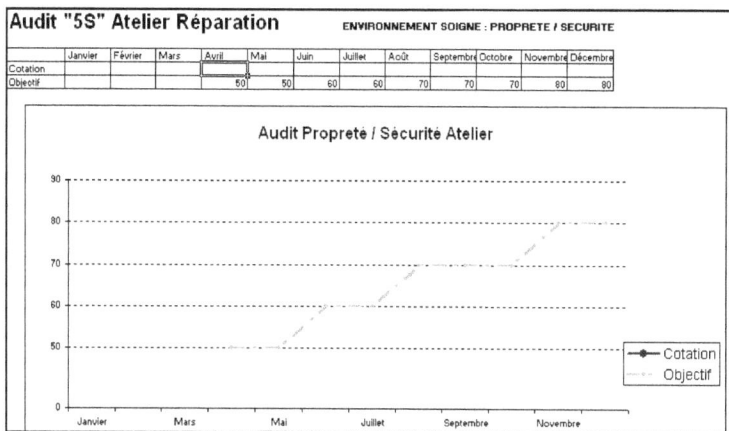

Audit "5S" Atelier Réparation — ENVIRONNEMENT SOIGNE : PROPRETE / SECURITE

	Janvier	Février	Mars	Avril	Mai	Juin	Juillet	Août	Septembre	Octobre	Novembre	Décembre
Cotation												
Objectif				50	50	60	60	70	70	70	80	80

Audit Propreté / Sécurité Atelier

LES OUTILS DU MANAGEMENT AU QUOTIDIEN : INDICATEURS MESURABLES ET SUIVI

Les bonnes pratiques du Lean Service assurées par le manager de proximité ne sont pas ponctuelles. C'est un travail quotidien qui demande des efforts de la part de tous les acteurs d'un établissement. Pour assurer le respect des règles mises en place mais aussi pour mesurer l'impact des méthodes développées, différents outils et indicateurs de suivi viennent contrôler les *progrès* réalisés.

Les mesures sont indispensables pour rendre compte de l'évolution de la qualité des services rendus et de la satisfaction client. Des enquêtes sur la satisfaction client peuvent avoir lieu sur différents points, régulièrement dans l'année. Les résultats permettent de mettre en place des plans d'actions en réponse à leurs besoins et leurs attentes non correctement satisfaits.

Mesure au sein des équipes

Les améliorations apportées par la mise en place des outils du Lean Service se mesurent au sein même des équipes. On peut distinguer deux types d'impacts : *managériaux* et *de processus* qui découlent de nos nombreuses observations et interventions réalisées, en particulier, dans le secteur automobile.

Les impacts managériaux

- **Accueil du client**
  L'installation d'une réception avec une hôtesse et une salle d'attente rend l'accueil chaleureux et crée un environnement calme et confortable. La mise en place d'une zone d'accueil, hors atelier, dédiée au client permet un meilleur accueil, de meilleures conditions pour inspecter le produit et établir le diagnostic. La satisfaction client n'en est qu'améliorée.

- **Réorganisation de l'atelier**
  La réorganisation d'un atelier avec un conseiller service dédié au client, et un responsable d'atelier chargé d'animer son espace et d'assurer la qualité des travaux, augmente la qualité perçue par le client.

- **Responsabilisation et intéressement des opérateurs**
  L'approche participative du Lean Service, initiée par les différents outils et à toutes les étapes de la démarche – développement, réorganisation, «5S» – permet un bonne adhésion des techniciens au projet et un partage des objectifs. Dans une concession automobile qui a pratiqué le Lean Service, on a constaté, par exemple, une baisse du taux d'absentéisme de 5 % à 3 %.

Les impacts mesurables liés au processus

- **Qualité**
Avec le recentrage du conseiller service sur le client et l'allègement de ses tâches administratives, la qualité de l'accueil est renforcée. Dans la même concession, le taux de réponse «tout à fait satisfait» est passé de 60 à 67 % concernant l'accueil. L'amélioration de la qualité concerne également le service après-vente. Le recentrage du chef d'atelier sur ses techniciens et la réduction des charges administratives jouent sur le taux de retour. Celui-ci diminue.

- **En-cours et flux**
La réorganisation de l'atelier induit une meilleure gestion des flux et une diminution des goulots d'étranglement : plus de cas peuvent alors être réceptionnés et les délais de traitement sont optimisés. La segmentation des flux permet un meilleur traitement des cas, et la diminution des en-cours favorise l'optimisation des postes de travail.

- **Rentabilité**
La rentabilité peut également être mesurée. Chasser la non-valeur ajoutée sur un cycle de réparation, optimiser les capacités des outils industriels entraînent une hausse des volumes traités et un retour sur investissement supérieur. Les gains apportés par les améliorations sur les postes de travail en ergonomie se mesurent par une meilleure productivité et une meilleure qualité.

Mesure auprès des clients

Les enquêtes peuvent avoir lieu sur plusieurs types de populations : les prospects, les clients du service vente, les clients du service après-vente.

L'enquête auprès des prospects :

- L'*objectif* est de mesurer la satisfaction d'un prospect concernant le contact qu'il a eu avec un vendeur.

- Les *cibles* concernées sont les prospects qui sont venus depuis plus de deux mois dans l'établissement et pour qui la proposition commerciale n'a pas abouti.

- L'enquête est réalisée *par téléphone* sur un minimum de 50 prospects dont les coordonnées ont été enregistrées lors de leur venue. Les questions sont standard et portent sur l'accueil, l'écoute, la présentation des produits, la démonstration…

- Ces enquêtes ont principalement lieu pour les établissements qui obtiennent des résultats médiocres.

Un objectif : l'amélioration de la satisfaction client

Avant tout, la satisfaction des clients, et donc la réussite de l'entreprise, dépend de l'offre proposée. Il s'agit de répondre au mieux à leurs attentes, de définir et de penser un produit adapté à leurs besoins.

Le plus fréquemment, les entreprises réalisent des enquêtes de satisfaction, comme nous l'avons vu précédemment. Mais ce n'est pas tout, de simples enquêtes et les statistiques qui en découlent ne suffisent pas. L'expérience client est l'aspect principal à prendre en compte. Les conditions managériales jouent un rôle essentiel dans la satisfaction client. Il faut en quelque sorte «manager le client» dans ses choix, l'écouter, prendre en compte ses remarques et ses suggestions.

C'est là qu'interviennent les forums de discussions clients, déjà évoqués, où leur parole est prise en compte. Les clients participent activement à l'évolution de l'entreprise. C'est une expérience client différente qui a porté ses fruits dans de grandes entreprises.

Une entreprise éditrice de logiciels, qui faisait face à des difficultés financières, a décidé de créer un cercle de clients pour obtenir leur avis sur divers sujets. Grâce à un questionnaire, leur profil démographique a été déterminé et depuis, ils se positionnent en prescripteurs ou contradicteurs à chaque sollicitation. Ils proposent alors eux-mêmes des solutions ou améliorations. Cette méthode permet à l'entreprise de mieux segmenter sa clientèle et de faire des offres appropriées.

D'autres exemples d'expériences clients satisfaisantes :

- assurer un suivi en contactant systématiquement le client après une prestation ;
- proposer un vote annuel sur des améliorations possibles ;
- contacter les clients qui auraient mal noté l'entreprise dans un questionnaire de satisfaction.

Néanmoins, une expérience client réussie, enthousiasmante, nécessite des investissements en formation, en informatique, en gestion du changement et donc en temps et en coûts. Souvent les entreprises négligent ce point. La volonté de développer cet aspect doit venir de la direction générale, et à charge des managers de proximité de mettre en œuvre la politique définie.

Conclusion

Vous, managers de proximité, vous allez probablement trouver que l'on vous sollicite beaucoup et que vous devez être impliqués à tout moment. On compte sur vous en toutes circonstances pour que la «machine» tourne et pour assurer une croissance rentable et durable.

C'est vrai. Mais vous représentez également ce que l'on appelle couramment les forces de terrain qui assurent le quotidien avec un regard permanent sur l'avenir. Vous devez gérer les difficultés de votre métier et être efficace en situation.

Vous connaissez mieux les démarches et outils qui sont devenus plus familiers pour vous, mais vous savez aussi que la connaissance, si elle est nécessaire, n'est pas suffisante pour conduire au succès. La différence se fait, et c'est la marque des meilleurs et des plus performants, par la mise en œuvre et la rigueur d'application.

Vous êtes au cœur du dispositif de création de valeur. Sans vous, rien ne peut se construire ou aboutir, mais vous avez un atout primordial, c'est d'être proches des clients, des produits, des services, des hommes du terrain. C'est ce qui vous permettra de réussir et de maintenir l'équilibre nécessaire entre performance et développement des équipes pour assurer une paix sociale durable.

Lexique

«5S» :

De cinq mots japonais commençant par «s».
Première pratique des systèmes de production qui consiste à débarrasser, ranger, nettoyer, maintenir en ordre et être rigoureux. C'est la base du NSP.

↳ *Fiche n°9*

AMDEC :

Analyse des Modes de Défaillances, de leurs Effets et de leurs Criticités. Méthode d'analyse préventive des risques.

↳ *Fiche n°11*

Benchmarking :

Méthode qui permet de comparer ses processus avec ceux des meilleurs pour s'améliorer.

↳ *Fiche n°4*

Client mystère :

Technique d'enquête qualité qui vise à évaluer la prestation d'un établissement en se faisant passer pour un vrai client.

↳ *Fiche n°18*

Coaching :

Action d'un professionnel vers un autre pour la recherche de progrès sur un thème défini, dans un temps imparti.

↳ *Fiche n°2*

DOPA :

Déploiement des Objectifs et Plans d'Actions.
Outil de pilotage qui permet de déployer les orientations stratégiques de la direction.

«e-conf» :

Conférence téléphonique lors de laquelle les participants peuvent partager en simultané des documents numérisés *via* Internet.

Flux :

Un flux est composé de toutes les actions nécessaires à la réalisation d'un produit ou service et décrit leur enchaînement.

Forum :

Rencontre entre les managers et les clients ou les managers et le personnel pour débattre et échanger des idées sur les améliorations possibles en qualité des services proposés.

↳ *Fiche n°17*

JAT :

Juste À Temps.
Principe qui consiste à produire ce que l'on a besoin quand on a besoin.

↳ *Fiche n°13*

Kaizen :

«Amélioration» en japonais.
Méthode d'amélioration en continu.

↳ *Fiche n°7*

Kanban :

«Étiquette» en japonais.
Méthode qui permet de contrôler les flux d'approvisionnement.

↳ *Fiche n°15*

Management visuel :

Support de l'animation quotidienne du progrès. Les problèmes sont affichés et présentés comme des opportunités de progression.

Mass customisation :

Consommation de masse. Production et distribution en grandes séries d'un produit ou service.

MRP :

Méthode de Résolution de Problèmes.

NSP :

Nouveaux Systèmes de Production.

Offshoring :

Déplacement d'une activité dans un pays LCC (Low Cost Country).

Outsourcing :

Externalisation d'une activité jusqu'alors réalisée dans l'entreprise.

PDCA :

«Plan, Do, Check, Act».
Démarche clé de progression.

Poka yoké :

Outil qualité qui permet d'éviter les erreurs humaines par la création de verrous.

QRQC :

«Quick Response Quality Control».
Animation quotidienne de la résolution de problèmes.

Rendement opérationnel :

Indicateur de mesure de la performance : Nombre de pièces bonnes réalisées/Nombre de pièces réalisables.

«Rouge-vert» :

Méthode qui consiste à détecter les actions de non-valeur ajoutée en observant l'opérateur à son poste de travail.

↳ *Fiche n°8*

SMED :

«Single Minute Exchange of Die».
Méthode de changement d'outillage rapide.

↳ *Fiche n°14*

Shared services :

Ressources partagées, internes ou externes à l'entreprise, localement ou à distance.

Standard :

Référence qui définit la meilleure façon de faire «du moment» pour la réalisation d'une opération.

TPM :

«Total Productive Maintenance ®».
Maintenance productive totale qui développe le rendement opérationnel des machines.

↳ *Fiche n°12*

Virtual office :

Possibilité de travailler depuis différents lieux : centre d'affaires, bureaux satellites, hôtel et aéroports, travail à domicile; les bureaux dans l'entreprise sont partagés par plusieurs collaborateurs.

Workshop :

Groupe de travail.

Liste des fiches pratiques

Index des sigles

AMDEC : Analyse des Modes de Défaillance, de leurs Effets et de leurs Criticités

BB : Black Belt

DMAIC : Définir, Mesurer, Analyser, Innover, Contrôler

EFQM : European Foundation of Quality Management

GB : Green Belt

JAT : Juste À Temps

KPI : Key Performance Indicators

MBB : Master Black Belt

MQA : Matrice d'Assurance Qualité

MRP : Méthode de Résolution de Problèmes

NSP : Nouveau Système de Production

PDCA : Plan, Do, Check, Act

QRQC : Quick Response Quality Control

QCD : Qualité, Coûts, Délais

SAM : Standards d'Activités Métiers

SMED : Single Minute Exchange of Die

SMQ : Système de Management Qualité

SOSAC : Situation, Objectif, Stratégie, Attentes, Contrat

SPC : Maîtrise Statistique des Processus

TPM : Total Productive Maintenance

Index

8D 111

A

absentéisme 187
accréditation 122
AMDEC 118
amélioration 90
amélioration de la performance 90
amélioration des conditions de travail 98
anticipation 35
approvisionnements 92
après-vente 173
autonomie 34

B

back office 180
BB 49
benchmarking 40, 50
– externe 53
– interne 53
bilans de compétences 131
brainstorming 106

C

capitalisation 124
causes de dysfonctionnement 124
champion 49
chantier école 125
chantiers pilotes 125

client mystère 171
comportement 27
confiance 13
confidentialité 30
Consommation Lean 164
contrôle fréquentiel 114
contrôle systématique 113
créativité 61
culture client 29
culture de l'effort 23
culture du résultat 23
culture morale 14

D

débarras 97
démarche « bottom up » 73
démarche PDCA 41
démarche Six Sigma 44
démarche TPM (Total Productive Maintenance) 123
diagramme de décisions 106
diagramme de Pareto 106
diagramme en arbre 106
diagramme en flèches 106
diagramme matriciel 106
diversité 61
DMAIC 46

E

écart type 45
écoles de dextérité 84

économie du mouvement 96
écoute active 35
EFQM 120, 121
empathie 37
en-cours 138
entraînement 124
équipes transverses 60
ergonomie 91, 185

F

financiarisation 3
flux 92
flux tendus 133
forums 169
forums clients 165
front office 179

G

gains de temps 142
gammes de nettoyage 98
gaspillages 90
GB 49

H

Hoshin 143

I

innovation 90
intégration des acquis 124

J

JAT 68, 133, 135, 137, 138, 139, 140

K

Kaizen 88
Kanban 145
knowledge management 8
KPI 24

L

La Méthode Coué 20

Lean Enterprise 7
Lean Manufacturing 143
Lean Service 163

M

maintenance autonome 124
maintenance programmée 124
management d'atelier 73
management de la qualité 103
management des moyens 123
management du progrès 147
management visuel 126
mass customisation 8
Matrice d'Assurance Qualité (MAQ) 113
matrice de décision 106
matrice des compétences 129
MBB 49
motivation 14
mouvements inutiles 135
MQA 113
MRP 105, 108, 109, 124, 127, 128

N

nettoyage 97
normes européennes 120
normes ISO 121
NSP 67, 68, 71, 73, 74, 81, 100, 136, 137, 156, 203

O

opérations inutiles 135
ordre 97
organisation 39
outils statistiques 110

P

PDCA 39, 41, 43, 44, 54, 56, 95, 105, 106, 109, 126, 148
pérennisation 195

Bibliographie

ARTHUIS Jean, *Mondialisation, la France à contre-emploi*, Calmann-Lévy, 2007.

AUTISSIER David, MOUTOT Jean-Michel, *Pratiques de la conduite du changement*, Dunod, 2003.

BALL Philip, *Critical Mass : How One Thing Leads to Another*, Farrar Straus Giroux, 2006.

BERRY Michel, *Managements de l'extrême : Tome 1, Des patrons dans la tempête* et *Tome 2, Crises et renaissances*, Autrement, 2006.

BOSENBERG Dink, METZEN Heinz, *Le Lean Management*, Village Mondial, 1994.

BRUNETTI Wayne H., *Les Sept Clés du progrès de l'entreprise*, Dunod, 1996.

CATTAN Michel, IDRISSI Nathalie, KNOCKAERT Patrick, *Maîtriser les processus de l'entreprise :* Guide opérationnel, 3ᵉ édition, Éditions d'Organisation, 2002.

CORBEL Jean-Claude, *Management de projet*, Éditions d'Organisation, 2003.

CURRY Jay, STORA Ludovic, *Le Client capital de l'entreprise*, Éditions d'Organisation, 1993.

DELAFARGUE Bertrand, RIVARD François, *Repenser le pilotage de l'entreprise*, Maxima, 2006.

ECKES Georges, *Objectif Six Sigma, révolution dans la qualité*, Village Mondial, 2001.

EIGLIER Pierre, LANGEARD Eric, *Servuction, le marketing des services*, McGraw-Hill, 1987.

© Groupe Eyrolles

GEORGE Michael L., *Lean Six Sigma*, McGraw-Hill, 2002.

GHOSN Carlos, *Citoyen du monde*, Grasset, 2003.

GROUARD Benoît, MESTON Francis, *L'Entreprise en mouvement, construire et réussir le changement*, Dunod, 1998.

HUPPERT Rémi, *Sept qualités pour manager autrement*, Éditions d'Organisation, 2003.

HOSOTANI Katsuya, *Les Vingt Lois de la qualité*, Dunod, 1994.

HOSOTANI Katsuya, *Le Guide qualité de résolution de problèmes*, Dunod, 1997.

INGRASSIA Paul, WHITE Joseph B., *Comeback: The fall and Rise of the American Automobile Industry*, Simon & Schuster, 1994.

Japan Human Relations Association, *Le Livre des idées pour produire mieux*, Éditions d'Organisation, 1991.

JURAN Joseph M., *Juran on Quality by Design – The New Steps for Planning Quality into Goods and Services*, The Free Press, New York, 1992.

KATZUIBACH Jon, SMITH Douglas, *Les Équipes haute performance*, Dunod, 1994.

LENHARDT Vincent, *Les Responsables porteurs de sens*, INSEP Éditions, 1992.

MONTGOMERY Joseph C., LEVINE Lawrence O., *The Transition to Agile Manufacturing*, ASQC Quality Press, 1996.

MOODY Shama, *Lean Sigma, améliorer votre productivité industrielle*, Maxima, 2003.

MALAREWICZ Jacques-Antoine, *Réussir son coaching : une approche systémique*, Village Mondial, 2007.

NISHIGUCHI Toshihiro, *Strategic Industrial Sourcing: The Japanese Advantage*, Oxford University Press, 1994.

OSADA Takashi, *Les 5S*, Dunod, 1993.

PINTO Paul, *La Performance durable*, Dunod, 2003.

PEBEREAU Michel, SPITZ Bernard, *C'est possible! Voici comment*, Robert Laffont, 2007.

SHINGO Shigeo, *La Production sans stock*, Éditions d'Organisation, 1990.

SHIROSE Kunio, *Le Guide TPM de l'unité de travail*, Dunod, 2002.

SUPIZET Jean, *Le Management de la performance durable*, Éditions d'Organisation, 2002.

SUZAKI Kiyoshi, *Réinventer l'unité de travail*, Dunod, 1993.

WOMACK James P., JONES Daniel T., ROOS Daniel, *Le Système qui va changer le monde*, Dunod, 1992.

WOMACK James, JONES Daniel, *Système Lean, penser l'entreprise au plus juste*, Village Mondial, 2005.

YORAM WIND Jerry, MAIN Jeremy, *Driving Change*, The Free Press, 1998.

Remerciements

Se lancer dans la rédaction d'un ouvrage ne peut se faire sans l'appui et le soutien de nombreuses personnes.

Je tiens tout d'abord à remercier tous les chefs de pôles et consultants de l'Institut Renault qui m'ont apporté une aide précieuse au travers d'échanges et de multiples contacts. Merci à eux pour leurs idées, leurs commentaires, leurs critiques constructives, leur vécu lors de leurs interventions de conseil. Cette collaboration est pour moi une grande joie et elle me permet de participer activement à cette organisation apprenante qu'est l'Institut Renault.

Merci aussi à celles qui m'ont apporté un soutien logistique, Charlotte, Elena et Claudine, sans qui ce carnet de bord n'aurait probablement pas vu le jour.

Merci à Michel de Virville qui a bien voulu accepter de préfacer cet ouvrage et dont la collaboration a été pour moi un enrichissement permanent.

Enfin, merci à tous les managers de Renault que j'ai côtoyés pendant de si nombreuses années et qui m'ont permis de mesurer et d'apprécier l'exigence du management d'aujourd'hui.

www.ingramcontent.com/pod-product-compliance
Lightning Source LLC
Chambersburg PA
CBHW061200220326
41599CB00025B/4544